きちんとわかる
移転価格の基礎と実務
Fundamentals of International Transfer Pricing

税理士　菅原英雄［著］

税務経理協会

はじめに

　移転価格税制は理解しづらいという声をよく耳にします。その声を仔細に聞いてみると次の2つのレベルに分類できます。
① 　移転価格税制をどのように会社に適用させたらよいのかがよくわからない。
② 　移転価格税制は理解しているが，移転価格に関する外国の制度がよくわからない。

本書は，まず①の問題に対処することを目的として，移転価格税制の基礎を解説します。

　もちろん，海外に子会社を作ればその子会社はその国の移転価格税制の影響下にも置かれるわけですから，当然に現地の移転価格税制も知る必要があります。しかし，各国の移転価格税制は，日本と同様に表面的には国際的に共通するルールとなっている場合が多く（その理由は，本書の中でたびたび登場するOECDの移転価格ガイドラインにあります），むしろ，税務当局の執行の仕方に特徴を持つ国が多く認められます。したがって，海外の移転価格税制への対応には，まず，日本の制度を基に移転価格税制の基本をきちんと理解しておかないことには，外国当局への説明や反論も不十分なものとなってしまいがちです。

　そこで，本書では，特に海外に進出している（あるいはこれから進出しようとしている）中小企業を念頭に置き，必ずしも法人税に精通していない方々にも日本の移転価格税制を理解できるよう，法律や通達等の根拠を示しながら丁寧に解説することに心がけました。

　第1章では，第2章以下の各論を理解する前提として，移転価格税制の全体像を俯瞰するために，制度が導入された背景や税務行政の執行状況などにも言及しながら，最低限押さえておくべきポイントを具体的に解説しました。この章をお読みいただくだけでも，国外関連取引に関する税務調査対応に役立つの

ではないかと考えています。

　次いで，第2章では，移転価格税制の柱である「独立企業間価格の算定方法」について解説しています。通り一遍の説明に陥らないように，法律等の根拠を示すことはもちろんのこと，どのような取引に適用しやすいのかがイメージできるようにそれぞれの方法の長所や短所にも言及しています。

　さらに，第3章では，移転価格税制におけるコンプライアンス上，欠かすことができない重要事項であるドキュメンテーションについて解説しています。この部分は近年，国際的な議論を踏まえて法律の規定が大幅に増加しており，第2章とセットで理解しておく必要があります。

　最後に，第4章として移転価格税制を適用した後の問題である税務調査やそれに伴う対応的調整及び事前確認についての概要と基本的な手続きについて説明しています。

　本書の構成は，家の建築を例にとると，まず土台をつくって，その上に家を建て，最後にアフターケアの概要を理解するといったイメージで書かれています。したがって，関心があるところを抜き出してお読みいただいても全く構わないのですが，これから移転価格税制を理解しようという方は，できるだけ最初から順番にお読みいただくことをお勧めします。そうすることで，移転価格税制のかなり深いところまで理解することができるのではないかと思います。

　そして，本書を少しでもお役立ていただくことで，ご自身の力で移転価格税制を踏まえた適切な法人税の確定申告ができるようになれば，これに勝る喜びはありません。

　平成29年3月

菅原　英雄

目 次

はじめに

第1章　移転価格税制の概要と現状

1　移転価格税制の現状　*2*
　① はじめに　*2*
　② 移転価格とは何か？　*3*
　③ 所得が移転するとはどういうことか？　*4*
　④ 移転価格税制導入の経緯　*7*
　⑤ その後の移転価格税制の歩み　*8*
　⑥ 移転価格税制を巡る主な規定等　*10*

2　移転価格税制の骨格　*16*
　① はじめに　*16*
　② 基本的な仕組み　*16*
　③ 租税特別措置法66の4第1項の基本的な考え方　*19*
　④ 独立企業間価格　*21*
　⑤ 申告調整の仕方　*22*
　⑥ 国外移転所得金額の返還　*24*
　⑦ 移転価格税制の適用対象となる法人，国外関連者及び国外関連取引　*27*
　⑧ 非関連者介在取引　*31*

3　移転価格税制と寄附金課税　*34*
　① なぜ寄附金課税を取り上げるのか　*34*
　② 国外関連者に対する寄附金の取扱い　*35*

- ③ 寄附金の額とは何か　36
- ④ 寄附金課税と移転価格税制との理論的な関係　39
- ⑤ 「実質的に贈与したもの」の意味　40
- ⑥ 国税庁の事例集　42
- ⑦ 寄附金課税と移転価格税制を巡る実務上の留意点　45
- ⑧ 冒頭の事例における独立企業間価格の考え方　47

第2章　独立企業間価格の算定

1　総　論　52
- ① 独立企業間価格の算定方法の概要　52
- ② 独立企業間価格算定のためのアプローチと算定方法との関係　54
- ③ 取引価格の意味　58
- ④ 独立企業間価格の算定方法はどのように選択するのか　59
- ⑤ 独立企業間かどうかはどのように検討するのか　61

2　独立価格比準法　64
- ① 条文の規定　64
- ② 比較対象取引の売手と買手との関係　66
- ③ 同種の棚卸資産とは何か　68
- ④ 差異の調整　70
- ⑤ 差異の調整に関する留意点　74

3　原価基準法　76
- ① 条文の規定　76
- ② 通常の利益率の計算方法　80
- ③ 比較対象取引　82
- ④ 差異の調整　88

4 再販売価格基準法 *90*

1. 条文の規定 *90*
2. 通常の利益率の計算方法 *93*
3. 比較対象取引の内容 *95*
4. 差異の調整 *100*

5 取引単位営業利益法 *104*

1. 条文の規定と計算方法 *104*
2. 取引単位営業利益法が導入された背景 *111*
3. 当時の日本の事情 *113*
4. 比較対象取引 *115*
5. 類似性と幅 *117*

6 利益分割法 *120*

1. 利益分割法における3つのアプローチ *120*
2. 分割対象利益の計算 *127*
3. 寄与度分割法による分割計算 *131*
4. 残余利益分割法による分割計算 *132*
5. 利益分割法のまとめ *136*

7 準ずる方法及び同等の方法 *137*

1. 準ずる方法 *137*
2. 準ずる方法とは何か *148*
3. 同等の方法とは何か *150*

8 各種算定方法の適用 *152*

1. 最適方法ルール *152*
2. 最適方法ルールの考え方 *154*

3　最適方法ルールの検討内容　*157*
　　　4　まとめ　*161*

第3章　ドキュメンテーション

1　法律上の義務とその効果　**166**
　　　1　帳簿書類の保存義務と移転価格税制上の文書化　*166*
　　　2　文書化の取扱い　*168*
　　　3　推定課税　*171*
　　　4　第三者に対する質問検査権　*179*

2　独立企業間価格を算定するために必要と認められる書類　**183**
　　　1　提示又は提出が求められる書類の内容　*183*
　　　2　書類の作成方法　*189*
　　　3　おわりに　*196*

3　別表十七(四)及び当局への情報提供義務　**198**
　　　1　法人税確定申告書別表十七(四)　*198*
　　　2　別表十七(四)の書き方　*204*
　　　3　当局への情報提供義務　*205*
　　　4　移転価格ポリシー　*217*

第4章　移転価格調査・事前確認等

1　移転価格調査　*222*
　　　1　通常の税務調査と移転価格調査　*222*
　　　2　移転価格調査の進め方　*225*
　　　3　移転価格調査の着眼点　*228*

- 4 移転価格調査後の対応 *231*

2　相互協議・不服申立て・事前確認 ***233***
- 1 相互協議 *233*
- 2 不服申立て *235*
- 3 事前確認制度の概要と手続 *237*

索　引 *241*

凡　　例

措法	租税特別措置法
措令	租税特別措置法施行令
措規	租税特別措置法施行規則
措通	租税特別措置法関係通達
法法	法人税法
法令	法人税法施行令
法規	法人税法施行規則

第1章

移転価格税制の概要と現状

1　移転価格税制の現状

1　はじめに

　皆さんは「移転価格税制」というとどのようなイメージを持たれているでしょうか。ある方は，現地法人とのロイヤルティの料率を頭に思い浮かべるかもしれません。また，別の方は，国家間の税金の取り合い（一時このような報道が流行ったことがありました）といったイメージを持たれているかもしれません。また，我が国や外国の税務当局から理不尽な（？）ことを言われて，苦い思いをした経験を思い出す方もおられるかもしれません。

　これらのイメージは次に述べるとおり移転価格税制の特徴を端的に表しており，決して見当違いなものではありません。

　まず，移転価格税制は，その名のとおり「価格」を問題とします。したがって，海外の関連会社との間のロイヤルティ料率の問題は，まさに無形資産等を使用するための「価格」の問題ですので，移転価格税制上の重要なテーマとなります。そして，その価格について移転価格税制上問題がないかどうかを，主にロイヤルティの基となる無形資産等が生み出す「利益」から検討することになります。

　次に，移転価格税制を適用すると，必ず国家間の課税の問題を引き起こします。なぜなら，売上価格を引き上げることにより（あるいは仕入価格を引き下げることにより）日本の法人の所得（利益）が増加するということは，海外の関連会社にとっては，所得が減るということを意味するからです。つまり，我

が国の税務当局が移転価格課税をすると，その効果は，外国の税務当局にとっては税収が減る方向に働くわけです。そうなると外国の税務当局も黙っているわけにはいきません。このことは，「グループ企業」という場で国家間が税金を取り合うという図式が成り立つことを意味しています。

さらに，海外の関連会社と取引をする親会社の立場に立つと，親会社としてはグループとしての利益を最大限引き出すために経営活動しているわけですから，仮に，競争力の弱い海外の関連会社がある場合に，その会社を支援するために親会社にとって不利な価格（関連会社にとって有利な価格）で取引することも経済的には合理性があります。しかし，移転価格税制上はあくまでも「関連のない会社間で取引される価格をよしとする税制」なので，税務調査でこのような取引を把握すると移転価格税制の観点から調査を進めていくことになります。親会社として良かれと思って行った取引が思わぬ結果となる場合があるわけです。

2 移転価格とは何か？

これから移転価格税制の説明を始めるに当たり，まず，この「移転価格」という言葉から入っていきたいと思います。

「移転価格」は「Transfer Price（トランスファープライス）」の訳語で，昭和61年に日本がこの税制を導入する前から欧米諸国で使用されていた用語です。これは，関連企業間における商品等の移転（transfer）に付される価格（price）を指します。これを単に取引価格と言わず移転価格と呼ぶのは，関連企業間における商品の販売等は関連企業全体を一つのグループとしてみれば，一種の内部取引であり，いわば単一企業の本支店間又は事業部間の商品等の移転ないし振替（transfer）に類似するものであるという面があることによるものではないかと思われます（昭和61年「改正税法のすべて」189ページ参照）。

移転価格税制が所得の海外移転を防止するための税制であるといった説明がよくなされるので，移転価格の移転は所得移転の移転（shift）とよく間違えら

れますが，所得移転から命名されたわけではありません。

3 所得が移転するとはどういうことか？

では，移転価格が適正ではないために所得が移転するとはどういうことなのでしょうか。

例えば，内国法人甲社はA国の販売子会社乙社を通じて，我が国で製造された製品XをA国の消費者に200で販売しているとします。甲社における製品Xの製造原価を50としましょう。つまり，50で製造され最終的に200で消費者に販売されるのでその間に製品Xが生み出す利益は合計150ということになります（図表1－1）。

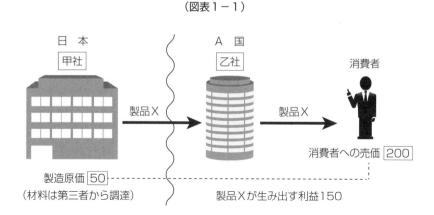

（図表1－1）

ここで，甲社は，乙社に製品Xを150で売るならば，この製品Xについて甲社では100利益が計上され，乙社では50の利益が計上されることになります（図表1－2）。では，甲社が乙社に製品Xを100で売った場合にはどうなるでしょうか。その場合には，甲社では50の利益が計上され，乙社では100の利益が計上されることになります。簡単ですね。

(図表1-2)

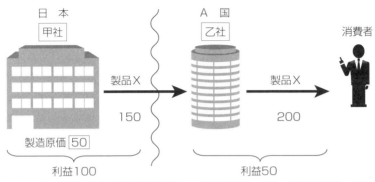

※ もし，甲社が乙社に100で売ると，甲社の利益＝50　乙社の利益＝100

次に，甲社が乙社に売る製品Xの適正価格は150であるにもかかわらず，100で販売しているとします。そうすると，甲社にとっては，本来100の利益を計上しなければならないところ，50の利益しか計上していないという状態になります。逆に，乙社にとっては，本来50の利益でよいところ100の利益を計上しているという状態になります（図表1-3）。

(図表1-3)

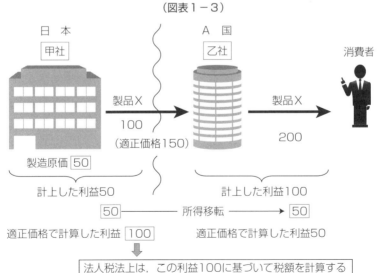

1　移転価格税制の現状　　5

この状態のことを指して，「製品Ｘの販売取引を通じて50の所得が甲社から乙社に移転している」という言い方をするわけです。そして，移転価格として甲乙間で付されている100を150に引き直して所得を計算し直す，つまり内国法人である甲社の課税所得を50だけ増やして税額の計算をするというのが移転価格税制の基本的な仕組みということになります。

　なお，乙社としては，製品Ｘに係る利益を100のままＡ国での税金を計算してしまうと二重課税が生じます。したがって，Ａ国では，二重課税とならないようにするために甲社からの仕入価格を150として法人税を計算する必要があります。また，仕入価格の150と100の差額50を「対価の返還」として甲社に戻すことも可能です（詳しくは，本章２の⑥（国外移転所得金額の返還）参照）。

　この例示から明らかなとおり，移転価格税制を理解する上で重要なポイントが４つあります。それは，

> ① 甲社と乙社はともにグループ会社であること
> ② グループ会社の外側には，消費者や製造過程における関連のない第三者との取引があり，その価格は原則として移転価格税制の対象外であること（例示では，製造原価50及び消費者に販売する200という価格）
> ③ グループ会社間の移転価格として「適正な価格」（例示では150という価格）が存在すること
> ④ 移転価格税制はあくまでも日本の税制なので，その対象となる法人（課税所得を動かす法人）は甲社のみであること

ということです。これらの点は，これから順次詳しく説明していきます。

　なお，実際には，棚卸資産の取引について，上述のように，一本釣りして移転価格税制を適用することはまれです。甲乙間の大量の取引の中から移転価格税制上問題があるような取引を抽出し，製品Ｘとその類似製品群の取引を束ねて所得計算します。価格は経済状況によってゆれ動きますし，例示では一切捨象しましたが，取引通貨や甲社乙社がそれぞれ取引で担っている様々な機能にも考慮する必要があります。これらの点も，順次説明していくことになります。

4 移転価格税制導入の経緯

　日本の移転価格税制は昭和61年の税制改正により創設されました。欧米の主要先進国では，すでに移転価格税制が導入されており，移転価格税制の観点からすると日本はやや「後発」と言えます。米国では，1920年代には米国内の州同士の所得の配分問題として移転価格に関する規定が導入されていましたし，OECD（経済協力開発機構）では，1970年代に多国籍企業に関する諸問題について議論を進め，1979年（昭和54年）には「移転価格と多国籍企業」と題する報告書を採択しています。これが，現在，移転価格税制の世界共通ルールとしての指針と位置付けられている「OECD移転価格ガイドライン」の基になっているものです。

　なお，税制調査会が昭和60年12月に提出した「昭和61年度の税制改正に関する答申」では，「移転価格の問題が国際課税の分野で重要となってきているが，現行法ではこの点の対応が不十分なので，我が国も諸外国と共通の基盤に立って国際課税を実現するために移転価格税制を導入すべきである。」といった趣旨のことが記載されています。

　実は，日本に移転価格税制が導入される約10年前に，日本の代表的な自動車メーカーであるトヨタ，日産及びホンダが当初のダンピング問題から転じて移転価格税制の調査を受け，昭和60年には，多額の移転価格課税（仮更正）を受けました。このうち，トヨタと日産については，相互協議に基づく対応的調整（第4章2①参照）により，その後国内で国税・地方税合わせて1,200億円もの還付がなされ，特に地方自治体の財政上に甚大な影響を与えたことが記憶に残っています。

　このように米国による日本企業への課税の動きが移転価格税制導入の「黒船」的な役割を果たしたことは想像に難くありません。

5 その後の移転価格税制の歩み

　移転価格税制導入後の動きを執行当局の視点から俯瞰すると，概ね次の3つの段階をみることができます。

(1)　黎明期（昭和62年から平成元年頃）

　この時期は，移転価格税制に関わる行政執行の黎明期とも言える時期で，東京国税局の移転価格の調査に当たる部署もせいぜい数人から十数人の規模しかありませんでした。主に，大企業を中心に実態把握と調査手法の蓄積を図っていた時期と言えます。この当時，新聞を賑わしたような大型の課税事案はなかったと思われます。

(2)　発展期（平成2年から平成13年頃）

　この時期になりますと，大企業に対する実態把握も一巡し，いよいよ本格的な移転価格調査体制が整っていきました。大型の課税事案も毎年のように新聞紙上を賑わしていた記憶があります。特に，外資系の生命保険会社，製薬会社，医療機器会社，飲料会社といったところが何百億円という規模での課税報道があったと記憶しています。東京国税局の移転価格の調査に当たる部署も数十人規模にまで拡大し，まさに移転価格課税の発展期の様相を呈していたと言っても過言ではないような気がします。また，課税事案が増えることにより当然のことながら相互協議の件数も増え，また，当局による課税を回避するために事前確認制度を利用する法人も増加してきた時期でもあります。

(3)　成熟期（平成14年〜現在）

　最近の新聞報道をみると外資系法人よりも内資系の大規模法人の課税が中心となっているように思われます。また，輸出入取引だけではなく，ロイヤルティ取引などにも調査の主眼が移ってきたのではないかと推測されます。

ちなみに，平成12事務年度からの移転価格課税件数と金額を図表1－4にしてみました。実は，平成13事務年度までは概ね40件くらいで推移していますが，その後大きく件数及び金額が増加しています。

（図表1－4）　移転価格税制を巡る調査及び事前確認の状況

事務年度 （平成）	12	13	14	15	16	17	18	19	20	21	22	23	24	25	26	27
調査件数（件）	39	43	62	62	82	119	101	133	111	100	146	182	222	170	240	218
課税漏れ所得（億円）	381	857	725	758	2,168	2,836	1,051	1,696	270	687	698	837	974	537	178	137
事前確認申出件数（件）	35	25	49	65	51	76	92	93	113	127	111	103	127	115	121	137

（注）1　事務年度とは，当年7月から翌年6月までの期間を示す。
　　　2　平成19事務年度までの数値は，調査課所管法人としての発表数値でありそれ以降は法人全体としての数値である。
（国税庁報道発表資料より抜粋）

　移転価格課税事案というのは，新聞報道されるような所得で数百億円規模の大型課税事案ばかりではありません。むしろそんな事案は年に数件あるかないかです。大部分は，一般の税務調査で一緒に課税処理されるような小型の課税事案です（本章3⑧及び第4章1①参照）。件数及び金額が増加しているのは，このような小型の事案，言いかえますと，中小企業にまで移転価格調査の触手が伸びてきているということが言えるのではないかと思います。

　東京国税局の移転価格税制を専門に扱う部署の人員も今や百人を優に超える規模にまで増加しました。そのうちの約半分は，事前確認の部隊です。事前確認というのは，一言でいうと，あらかじめ当局との間で適正な価格を確認するという手続です。その後の申告内容が確認された価格に基づくものである限り新たに課税されることはありません。内資系法人に対する課税が増加した成熟期において事前確認の件数も飛躍的に増加してきています。

　以上のとおり，これまでの移転価格税制を巡る執行状況から，今後を含めた潮流を示すと次のようなことが指摘し得るのではないかと思われます。

> 対　象　企　業：外資系企業 ⇒ 内資系大企業 ⇒ 内資系大企業及び中小企業
> 対　象　取　引：棚卸資産（輸出・輸入取引）⇒ 無形資産（ロイヤルティ取引）
> 税制の適用方法：調査による課税 ⇒ 事前確認申請

6　移転価格税制を巡る主な規定等

(1)　租税特別措置法・同施行令・同施行規則

　移転価格税制は，法人税の中の措置として，租税特別措置法66条の4（国外関連者との取引に係る課税の特例），66条の4の2（国外関連者との取引に係る課税の特例に係る納税の猶予），66条の4の3（外国法人の内部取引に係る課税の特例），66条の4の4（特定多国籍企業グループに係る国別報告事項の提供）及び66条の4の5（特定多国籍企業グループに係る事業概況報告事項の提供）に規定が置かれています。そのうち，この税制の基本構造は租税特別措置法66条の4（外国法人については租税特別措置法66条の4の3）に規定されています。

　3ですでに説明しましたが，ここで改めて確認しておきたいことは，この税制が法人税の中の措置として規定されているという点です。つまり，移転価格税制は，移転価格という「価格」を問題にしますが，その意味は，**適正な法人税を申告納付するために，移転価格として適正な価格で取引されたとした場合の利益から課税所得を計算する**ということです。

　また，租税特別措置法66条の4を受けて，具体的な価格の算定方法等を規定する租税特別措置法施行令39条の12と，課税当局が求める資料の詳細等を定めた租税特別措置法施行規則22条の10があります。本書で説明するのはこれらの規定の内容ということになります。

　なお，連結納税制度の中でも移転価格税制に関する取扱いが規定されており

ますが，基本的な考え方は単体法人と変わりませんので，本書では，単体法人に対する移転価格税制の説明をしていきます。

また，その際，海外進出する内国法人を念頭に置かせていただくこととし，外国法人の内部取引に係る取扱い（措置法66の4の3）については，記載を省略しますのでご了承ください。

(2) 租税特別措置法関係通達

通達とは，上級行政庁が法令の解釈や行政の運用方針について下級官庁に行う命令・指示のことをいいます。

このうち，租税特別措置法の解釈通達として租税特別措置法関係通達があります。その中で，66の4(1)-1（発行済株式）から66の4の4-4（連結財務諸表が作成されることとなる非上場会社が属する企業集団）が移転価格税制としての解釈通達です。今後，説明の中で随時紹介していきますので，気づかれることと思いますが，法令をある程度噛み砕いて説明しているとはいえ，この通達にはあまり具体的に記載されていません。これだけで移転価格税制を運用できるかというとなかなか難しいというのが実際ではないかと思われます。

(3) 移転価格事務運営要領

移転価格事務運営要領とは，その名のとおり，国税当局が移転価格税制に関する事務を行うに当たって，留意すべき事項を取りまとめた「通達」です。移転価格税制の様々な取扱いを説明する際，この移転価格事務運営要領を引き合いに出す場合が多く見受けられます。それは，国税当局が発する文書の中で，次に説明する事例集とともに移転価格の算定等について唯一具体的に書かれたものだからです。

この移転価格事務運営要領は，平成13年6月1日付で発遣されています。これ以前は，当局側からの発信としては，上述の解釈通達があるくらいでした。5で述べたとおり，移転価格課税の発展期に入り，毎年のように大型課税事案が発生すると，企業側からも具体的な取扱いを明示すべきであるとの声が高

まってきました。

そこで，国税庁が何を考え，どのように移転価格税制に関する行政執行を現場に指示しているのかを明らかにすることで，企業側にも大いに役立ててもらおうというのが発遣の動機です。

移転価格事務運営要領は，国税当局部内での事務運営に関する通達である以上，納税者はこれに拘束されることはありません。しかし，当局がこの通達に基づいて税務調査や事前確認を行うのであれば，事実上，記載された内容がルールとしての機能を持ちます。また，内容は，単に事務の取扱いを定めているだけでなく，例えば，上述した「適正価格」を算定するための具体的な方法が記載されていたりして，租税特別措置法の解釈を示しているのではないかと思われる部分も数多く見受けられます。

したがって，私ども実務家にとっても，移転価格事務運営要領は，移転価格税制の取扱いを知る上でも重要な資料のひとつとなっています。

(4) 移転価格税制の適用に当たっての参考事例集

これは，平成19年6月25日に(3)の事務運営要領の別冊として発遣されました。事務運営要領は，法律の条文と同じような形式の規定となっており，どうしても抽象的な表現となってしまっていることから，具体的なケースへの適用を実例に近い形で示すことにより実践的な手引きとして活用できるようにしたというのが当時の当局の説明です（税務研究会「週刊税務通信」No.2988－23ページ）。

事務運営要領の別冊と位置付けることで，国税庁が現場の調査官に移転価格税制の適用上のポイントを事例を使って示すという内容になっていますが，ねらいは，納税者自身が移転価格の検討をする上での手引きとして活用してほしいということだと思います。

表面的な説明に終始しがちな当局からの情報の中で，事例集という形で情報発信した努力には称えるべきものがあり，実際，私どももこの事例集を活用していますが，内容は必ずしもわかりやすいわけではありません。

⑸ OECD移転価格ガイドライン

　移転価格税制を少しでもかじったことのある方は，何かとOECD移転価格ガイドラインではどのように扱われているかといった説明がよく行われることに気がつかれていると思います。

　OECD移転価格ガイドライン（以下，本書では「OECDガイドライン」といいます）とは，一言でいうと，OECD（経済協力開発機構）の中にある租税委員会という組織が策定している移転価格税制に関する指針です。

　OECDというのは，「Organisation for Economic Co-operation and Development」の略で，第2次世界大戦後に欧州16カ国で組織されたOEEC（欧州経済協力機構）を母体として，新たに米国，カナダが加わり，経済・貿易・途上国支援について議論，意見交換する場として1961年に発足した組織です。

　日本も1964年に加盟し，現在の加盟国は34カ国となっています。

　OECDには，各委員会が置かれていますが，そのひとつに「租税委員会」があります。経済がこれだけグローバル化してきますと，各国がバラバラな課税をすると企業の経済活動にも混乱が生じます。そこで，国際的な共通の課税ルールを整備することで租税の分野でも国際的な調和を図ろうというのがこの委員会の目的です。よく知られているところでは，OECDのモデル租税条約の策定やこの移転価格ガイドラインの策定があります。また，今はやりのBEPS（Base Erosion and Profit Shifting……税源浸食と利益移転⇒多国籍企業が租税回避スキームを駆使して税源たる利益を国際的に移転させて無税化を図る行動（筆者の勝手な定義です））に対する議論もこの委員会を中心に新興国（G20）なども加えて行われていました。

　さて，前置きが長くなりましたが，このOECDが策定した移転価格ガイドラインは，正式には，「Transfer Pricing Guidelines for Multinational Enterprises and Tax Administrations（多国籍企業と税務当局のための移転価格算定に関する指針）」という表題がついています。

　4で少し説明しましたが，1979年に公表された「移転価格と多国籍企業」を見直して，1995年に現在の表題で公表されています。このガイドラインは完成

しているわけではなく，随時，見直し，追加が行われ，最近では，2015年10月に文書化に係る改定が行われたりしています。

　この移転価格ガイドラインは法律ではありませんので，我が国に対する法的強制力はありませんが，我が国も加盟しているOECDで作成し承認した指針なので，当然のことながら我が国の移転価格税制もそれに沿った形で制度が作られていると言えます。そして，我が国の課税当局が移転価格課税を行えば，国際的な二重課税が生じますから，相互協議等を通じて，日本の移転価格税制に係る行政執行が，外国の税務当局の目にも晒されることになります。上述のとおり，OECDでは常に移転価格税制に関する行政執行について議論しているわけですから，もし，我が国が国際ルールに適合しない課税を行うと，直ちに国際的な批判に晒される可能性があります。もし，日本の移転価格税制そのものがOECDガイドラインに合致していないのであれば，税制改正の大きな誘因になります。

　したがって，国税当局としても移転価格税制に関する行政執行に当たっては，OECDガイドラインには違反していないという立場をとることになります。これは納税者側からすると，課税処分の内容がOECDガイドラインの考え方から外れているのではないかといった反論も可能になることを意味します。つまり，OECDガイドラインに記載されている事項は，日本の移転価格税制の法令解釈にも影響を与えていると言えるわけです。

　法律でもないのに，なぜ皆がOECDガイドラインの動向を気にするのかという理由はこの辺りにあると思われます。

(図表1-5) OECD移転価格ガイドラインの構成【参考】

第1章	The arm's length principle（独立企業原則）
第2章	Transfer pricing methods（移転価格算定方式）
第3章	Comparability analysis（比較可能性分析）
第4章	Administrative approaches to avoiding and resolving transfer pricing disputes（紛争の回避及び解決）
第5章	Documentation（文書化）
第6章	Special considerations for intangible property（無形資産）
第7章	Special considerations for intra-group services（グループ内役務提供）
第8章	Cost contribution arrangements（CCA）（費用分担取極）
第9章	Transfer pricing aspects of business restructuring（事業再編に係る移転価格の側面）

2　移転価格税制の骨格

1　はじめに

1で，移転価格税制は，法人税の中の取扱いとして，租税特別措置法に規定されていること，そして，移転価格という「価格」を問題にするものの，その目的は，適正な法人税を申告納付するために，移転価格として適正な価格で取引したとみなした場合の利益から課税所得を計算することにあるということをお話ししました。

ここでは，このことを法令等から具体的に確認していきます。

2　基本的な仕組み

まず，条文から見てみましょう。

> 租税特別措置法66条の4（国外関連者との取引に係る課税の特例）第1項
> 　法人が，昭和61年4月1日以後に開始する各事業年度において，当該法人に係る国外関連者（外国法人で，当該法人との間にいずれか一方の法人が他方の法人の発行済株式又は出資（当該他方の法人が有する自己の株式又は出資を除く。）の総数又は総額の100分の50以上の数又は金額の株式又は出資を直接又は間接に保有する関係その他の政令で定める特殊の関係（次項及び第5項において「特殊の関係」という。）のあるものをい

> う。以下この条において同じ。）との間で資産の販売，資産の購入，役務の提供その他の取引を行った場合に，当該取引（当該国外関連者が恒久的施設を有する外国法人である場合には，当該国外関連者の法人税法第141条第１号イに掲げる国内源泉所得に係る取引として政令で定めるものを除く。以下この条において「国外関連取引」という。）につき，当該法人が当該国外関連者から支払を受ける対価の額が独立企業間価格に満たないとき，又は当該法人が当該国外関連者に支払う対価の額が独立企業間価格を超えるときは，当該法人の当該事業年度の所得に係る同法その他法人税に関する法令の規定の適用については，当該国外関連取引は，独立企業間価格で行われたものとみなす。

　網かけ部分だけを抜き出すと，「法人が国外関連者との間で行った国外関連取引で，受取対価が独立企業間価格に満たないときや支払対価が独立企業間価格を超えるときは，法人税の所得計算上は，当該国外関連取引は独立企業間価格で行われたものとみなす。」と書いてあることがわかります。

　この条文は，移転価格税制の最も基本となる条文ですが，差し当たり「国外関連者」「国外関連取引」「独立企業間価格」の定義は後回しにして，この条文は何を言っているのかを先に整理します。

　1 ③で，移転価格が適正でないために所得が移転するとはどういうことかを説明しましたが，あの例は，「日本法人である甲社がＡ国の販売子会社乙社に，適正な移転価格が150のところ100で輸出した」というものでした。その場合には，50の所得が移転しているので甲社の課税所得に50だけ増やす必要があるというのが結論でした。これを上の条文に即して言うと「法人（甲）が国外関連者（乙）との間で資産の販売を行ったとき，法人（甲）が国外関連者（乙）から支払を受ける対価の額（100円）が独立企業間価格（150円）に満たないときは，法人（甲）の課税所得は独立企業間価格（150円）で行われたものとみなして計算する」ということになります。

　それでは輸入はどうでしょうか。例えば，「日本の販売子会社である甲社は，

2　移転価格税制の骨格　　17

A国の親会社乙社から，適正な移転価格が100のところ150で輸入した」といった例を考えましょう（図表１－６）。

(図表１－６)

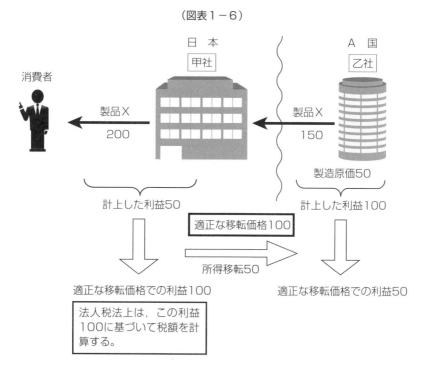

　この図のとおり，A国での製造原価が50，日本での市場価格が200であるとすると，この取引で甲社は，50の利益を計上し，乙社は100の利益を計上することになります。ところが移転価格として適正な価格は100なのですから，法人税法上は本来甲社の利益は100計上されていなければなりません。つまり，移転価格が適正でないために50だけ所得がA国に移転していることになるわけです。そこで，内国法人である甲社では課税所得を50だけ増やして税額を計算する必要があります。

　このことを上の条文に即して言うと「法人（甲）が国外関連者（乙）との間で資産の購入を行ったとき，法人（甲）が国外関連者（乙）に支払う対価の額（150）が独立企業間価格（100）を超えるときは，法人（甲）の課税所得は独

立企業間価格（100）で行われたものとみなして計算する」ということになります。

　移転価格税制は，日本における課税所得が国外に移転することを防止するのが目的ですから，国内所得が海外へ移転する場面しか規定していません。したがって，この条文の適用により，国外関連取引を独立企業間価格で行われたものとみなして計算した結果生じる申告調整は，所得の加算しかないことになります。

3　租税特別措置法66の4第1項の基本的な考え方

　やや，余談になりますが，海外の移転価格税制では，「当局側が所得の配分をすることができる」といった規定がみられます。例えば，アメリカの内国歳入法482条は財務長官が関連者間の所得を配分できるといった規定振りになっています。日本の法人税で，税務署長が課税所得計算の場面でアクションを起こす典型例として，法人税法132条（同族会社の行為計算の否認）の規定が思い浮かぶかと思います。そこで，日本の移転価格税制も税務署長が納税者の移転価格を不合理だと認めたときには内国法人の所得を引き直す（所得加算する）ことができるような規定振りも可能性としては考えられます。

　しかし，移転価格税制は，もともと租税回避行為を防止するためにのみ機能することを目指しているわけではありません。租税回避の意図がなくても結果として適正な移転価格でないことにより所得が海外移転している場面も当然に適用対象としています。この点，OECDガイドラインでは次のように述べています。

第1章　独立企業原則　A　序
1.2　（前略）独立企業原則に基づく税務上の調整は，租税を最小限に抑えることや租税回避という意図が全くない場合にも行うことが適切な場合がある。移転価格算定の検討は，たとえ移転価格政策が脱税又は租税

> 回避の目的に用いられているかもしれない場合であっても，それらの問題の検討と混同すべきではない。

　上述のOECDガイドラインに示されているように，移転価格税制は租税回避行為のみに対処するものではありませんので，日本の移転価格税制では，「税務署長が職権で適正な移転価格に引き直して所得計算する」というものではなく，「申告納税制度に基づき，納税者自らが海外のグループ企業との取引価格が独立企業原則に照らして適正かどうかをチェックして所得計算をする」というスタンスに立っています。

　なお，上で述べている「独立企業原則」とは，企業間の所得は，独立した第三者間が取引する場合に得られたであろう利益を基に計算されるべきであるとする考え方をいいます。この考え方は，移転価格税制だけでなく，外国法人課税や租税条約における企業の利得に対する課税などの根本原理にもなっており，まさに国際課税の「哲学」とも言える考え方です。当然，我が国の移転価格税制もこの考え方の上に成り立っています。

　最近，課税庁は，大企業の経営者を中心に，移転価格税制に対する取り組み方や海外のグループ企業との間の取引価格を決めるに際し，移転価格税制の考え方を的確に反映させているかどうかといったことについて積極的にチェックしています。これは，「各国の税務当局は納税者との間で円滑な関係を築くため税務に関するコーポレートガバナンスを充実させるべく努力しましょう」というOECDでの議論に沿った動きでもあります。課税庁のこうした働きかけによって移転価格税制に対する緊張度が高まり，取引価格を移転価格税制の見地から常にチェックすることで，税務調査による課税リスクが下がれば，企業及び課税庁双方にとってメリットがあるということになります。

　一方，このことは，移転価格税制が企業の経済取引に深く介入することを意味します。もともと法人税法は経済取引に中立であるとの立場をとっています。税制により企業の経済取引が歪むのは好ましくないからです。しかし，現実には，例えば減価償却など，特に中小企業を中心に税法基準で経済活動が行われ

ているケースが多々見受けられます。移転価格税制は，取引の根幹となる「値決め」の場面で税制が大きく影響します。このことは，後に，移転価格の算定の仕方や，書類の整え方（ドキュメンテーション）等を説明することでよくわかると思います。

　なぜ，このような介入を是とするのかということのひとつの答えとして，「独立企業原則」が，公正な市場競争を前提とした原理であるという点が挙げられます。つまり，グループ企業間の取引について移転価格税制上の適否を検討するということは，経済取引を歪ませるものではなく，むしろ「市場競争原理に基づいた適正な利益（価格）を導き出す好ましいもの」という考え方があるからです。

4　独立企業間価格

　ここで，移転価格税制の最も中核となる概念である「独立企業間価格」について説明します。

　独立企業間価格とは3で説明した独立企業原則のもとで，取引に付される価格をいいます。独立企業間価格のことをよくALP（エーエルピー）といいますが，これは，独立企業間価格の英語（Arm's Length Price）の略です。独立企業原則のことは英語でArm's Length principleといいます。この「Arm's Length」という言葉はなかなか味わい深い言葉だと思いませんか。私達は，欧米の人々が親しい人と挨拶する際に軽く抱擁する場面をよく目にします。これは，手を伸ばさなくても簡単に触れ合うことができる距離に相手がいることを意味します。逆に相手と腕の長さ分の間があるというのは，相手と距離を置くことを意味します。つまり，このArm's Lengthという言葉は，誰に対しても同じ腕の長さの距離を置くことで独立した第三者の関係を保つということを表していると言えるわけです。

　租税特別措置法では，独立企業間価格を次のように規定しています。

> 租税特別措置法66条の4（国外関連者との取引に係る課税の特例）第2項
>   前項に規定する独立企業間価格とは，国外関連取引が次の各号に掲げる取引のいずれに該当するかに応じ当該各号に定める方法のうち，当該国外関連取引の内容及び当該国外関連取引の当事者が果たす機能その他の事情を勘案して，==当該国外関連取引が独立の事業者の間で通常の取引の条件に従って行われるとした場合に当該国外関連取引につき支払われるべき対価の額==を算定するための最も適切な方法により算定した金額をいう。
>   一，二　省略

　上の網かけ部分に示したとおり，「独立の事業者の間で通常の取引条件に従って行われるとした場合に」というくだりは，まさに独立企業原則を指しており，このような場合に「支払われるべき対価の額」が独立企業間価格ということになります。

　これまで，「移転価格税制上適正な価格」という表現を用いていましたが，これからは，独立企業間価格という用語を用いて説明することにします。

5　申告調整の仕方

　企業が海外のグループ企業と行った取引について付された価格が独立企業間価格であれば，特に申告調整の問題は生じません。しかし，不運にも取引価格が独立企業間価格ではないと認められた場合には，申告調整をした上で確定申告しなければなりません。例えば，海外のグループ企業との取引が独立企業間価格で行われていたとした場合の利益と，もともと計上されていた利益との差額が1億円であるとすると，次のように**図表1－7**（別表四）を使用して加算調整します。

(図表1-7)

所得の金額の計算に関する明細書（別表四）				
区　　分	総　　額	処　　　　　分		
		留　保	社　外　流　出	
	①	②	③	
当期利益又は当期欠損の額　　1	×××　円	×××　円	配　当	円
			その他	
加算　国外関連者に対する所得移転額	100,000,000		その他	100,000,000
減算				

　上に記載のとおり，移転価格税制による申告調整で所得金額に加算する金額は，「処分」欄では「社外流出」となります。それは，この加算された所得金額は当社において利益積立金として留保されているわけではないからです。なお，このような社外流出を一種の配当とみる考え方をとる国もあるようですが，我が国では，特にそのような性格付けはされていません。また，未収入金などとして，一種の債権があるかのように「留保」処理することも認められません。この点につき租税特別措置法では次のように規定しています。

租税特別措置法66条の4（国外関連者との取引に係る課税の特例）第4項
　第1項の規定の適用がある場合における国外関連取引の対価の額と当該国外関連取引に係る同項に規定する独立企業間価格との差額（寄附金の額に該当するものを除く。）は，法人の各事業年度の所得の金額の計算上，損金の額に算入しない。

　この規定は，一見すると所得移転額を所得に加算する規定であると誤解されやすいのですがそうではありません。「一旦所得に加算した所得移転額は，留保処理することで，後日，何らかの事由が生じたことにより所得減算（損金の額に算入する）することはできませんよ」と言っているのです。つまり，加算しっぱなし，すなわち社外流出というわけです。この部分は紛らわしいので次のような解釈通達も置かれています。

> **租税特別措置法関係通達66の4⑼−1（国外移転所得金額の取扱い）**
> 　措置法第66条の4第4項に規定する国外関連取引の対価の額と当該国外関連取引に係る独立企業間価格との差額（以下「国外移転所得金額」という。）は，その全部又は一部を国外関連者から返還を受けるかどうかにかかわらず，利益の社外流出として取り扱う。

　なお，後に説明するように独立企業間価格の算定はなかなかやっかいなものであり，多くの会社は，期末時点でこの事業年度に行った海外のグループ企業との取引価格を検証するなどといった作業を行う人的・時間的余裕がない企業が多いのも現実だと思います。また，逆に，課税リスクを下げるためにきちんと移転価格税制上の検討する会社は，事前確認などの手続を利用し，取引段階から移転価格税制上の問題がないように努めるものと思われますので，結果として，自ら所得加算して確定申告する会社はかなり少ないのではないかと推察されます。

6　国外移転所得金額の返還

　先ほど，所得移転額は，所得に加算しっぱなしと説明しましたが，所得を移転した海外のグループ会社から所得移転額の返還を受けることは自由です。ただ，その場合には，返還を受けた段階で，会計上は収益計上をせざるを得ないでしょうから，そのままにしておくと（前期の）所得加算と（当期の）会計上の収益計上とで二重の益金計上となってしまいます。そこで，以下に示す通達のとおり，海外のグループ企業から所得移転額の返還を受けた場合には，これを益金に算入しない（別表四で「減算流出」処理する）ことができるといった取扱いがあります。

> 租税特別措置法関係通達66の4⑼－2（国外移転所得金額の返還を受ける場合の取扱い）
>
> 　法人が国外移転所得金額の全部又は一部を合理的な期間内に国外関連者から返還を受けることとし，次に掲げる事項を記載した書面を所轄税務署長（国税局の調査課所管法人にあっては所轄国税局長）に提出した場合において，当該書面に記載した金額の返還を受けたときには，当該返還を受けた金額は益金の額に算入しないことができる。
>
> イ　納税地
> ロ　法人名
> ハ　代表者名
> ニ　国外関連者名及び所在地
> ホ　返還を受ける予定の日
> ヘ　返還を受ける金額（外貨建取引の場合は，外国通貨の金額を併記する。）
> ト　返還方法
>
> （注）　外貨建て取引につき返還を受けることとして届け出る金額は，その発生の原因となった国外関連取引に係る収益，費用の円換算に用いた外国為替の売買相場によって円換算した金額とし，当該金額とその返還を受けた日の外国為替の売買相場によって円換算した金額との差額は，その返還を受けた日を含む事業年度（その事業年度が連結事業年度に該当する場合には，当該連結事業年度）の益金の額又は損金の額に算入する。

　この通達でいう「次に掲げる事項を記載した書面」とは，図表1－8の「国外移転所得金額の返還に関する届出書」になります。移転価格税制は，もともと相手から所得移転額の返還を求めることを前提とした税制ではありません。したがって，言い方はよくないのですが，会社が勝手に返還するのだからその金額は所得金額を構成するのは当然だという考え方もあるかと思われます。し

(図表1-8)

国外移転所得金額の返還に関する届出書

様式1

受付印

※整理番号 ＿＿＿＿
※連結グループ整理番号 ＿＿＿＿

平成　年　月　日

国税局長
税務署長　殿

提出法人
□連結親法人　□単体法人

（フリガナ）
法　人　名
納　税　地　〒
　　　　　　　電話（　）　－
（フリガナ）
代表者氏名　　　　　　　　　　印

次のとおり国外関連者から国外移転所得金額の返還を受けることとしますので届出ます。

連結子法人（届出の対象が連結子法人である場合に限り記載）	（フリガナ）法人名			
	本店又は主たる事務所の所在地		電話（　）　－	（　局　署）
	（フリガナ）代表者氏名			

国外関連者名		所在地	

返還予定日	返還額	返還予定日	返還額
平成　年　月　日	（　　　　）円	平成　年　月　日	（　　　　）円
平成　年　月　日	（　　　　）円	平成　年　月　日	（　　　　）円

返還方法	

発生（連結）事業年度	年月期	年月期	年月期	年月期	年月期	合計
国外移転所得金額	円	円	円	円	円	円
独立企業間価格の算定方法						
その他の特記事項						

税理士署名押印　　　　　　　　　　　　　印

（注）各欄に記載できない場合には、適宜の用紙に記載して添付して下さい。

※税務署処理欄	部門	決算期	業種番号	整理簿	備考	回付先	□親署⇒子署　□子署⇒親署

かし，上述したとおり，二重課税という側面は拭い去れないわけですから，通達上で，返還金の益金不算入を可能とし，そのかわり，益金不算入額と所得移転額とのひもつき関係を明確にしておく意味で，届出書を提出させることとしているわけです。

この取扱いを適用する場合には，金額と返還予定日に気をつける必要があります。ひもつき関係を明らかにするために届出書を提出するのですから，そのとおりに行われないとひもつき関係が崩れ，当局から返還額について「益金に算入しろ」と言われかねません。もし，返還予定日等が大きくずれる可能性があるということであれば，事前に当局に説明し届出書を訂正する等といった対応が必要と思われます。参考までに，移転価格事務運営要領の該当箇所を示しておきます。

> 移転価格事務運営要領4－1（国外移転所得金額の返還を受ける場合の取扱いに関する留意事項）
>
> 　措置法関係通達66の4(9)－2に定める書面を提出した法人が，当該書面に記載された金額の全部又は一部について返還を受ける予定の日後に返還を受けた場合には，予定日後に返還を受けたことについて合理的な理由があるかどうかを検討した上で，措置法通達66の4(9)－2の取扱いの適用の有無を判断する。
>
> （注）　省略

7　移転価格税制の適用対象となる法人，国外関連者及び国外関連取引

最後に，租税特別措置法66の4第1項に規定されている用語の意味を整理しておきましょう。

(1) 適用対象となる法人

 2に掲げた条文では,「法人が…」という始まり方をしています。これは,特定の企業を指しているのではなく,日本で法人税を納める義務がある法人はこの税制の射程内に入ることを示しています。したがって,普通法人だけではなく,協同組合等,収益事業を行う公益法人等,人格なき社団等,国内に恒久的施設を有する外国法人なども移転価格税制の対象に含まれます。移転価格税制が我が国から所得が海外に移転するのを防止する税制であることを踏まえれば,このことは容易に察しが付くのではないでしょうか。

 ちなみに,個人については,移転価格税制の対象とはされていません。これは,個人レベルではまだこの税制を適用する必要性がないと考えられているからだと思われます。

(2) 国外関連者

 これまでの説明では,海外のグループ企業という言い方をしてきましたが,正確には「国外関連者」といいます。国外関連者とは,外国法人で,内国法人との間にいずれか一方の法人が他方の法人の発行済株式又は出資の総数又は総額の100分の50以上の数又は出資を直接又は間接に保有する関係その他の政令で定める特殊の関係があるものをいいます(2で掲げた条文の＿＿＿部分)。

 特殊の関係は政令(措令39の12①〜③)に規定されていますが,引用すると長くなるので,ここでは要点のみをまとめることにします。

① 親子関係(措令39の12①一)

 まず親子関係です。間接保有も含みますので,**図表1－9**では,AにとってBとCが国外関連者となります。

 また,**図表1－9**では,AにとってDは国外関連者にはなりませんが,**図表1－10**のようにAがDを30%を保有する関係(その間に50%以上保有する子会社を連鎖させても同じ)を別途つくればDは国外関連者になります。

(図表1-9)

(図表1-10)

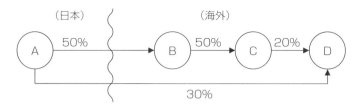

② 兄弟関係（措令39の12①二）

2つの法人が同一の者に50％以上保有されている関係をいいます。したがって，図表1-11ではBにとってC及びDは国外関連者になります。なお，この図ではAからみるとC及びDは①の関係で国外関連者となります。

(図表1-11)

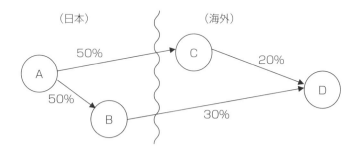

③ 実質支配関係（措令39の12①三）

たとえ，持株関係が50％未満の場合であっても次のような事実がある場合には支配関係が認められることから国外関連者として取り扱われます。

> イ　Aの役員がBの代表取締役となっていたり，Bの役員の半分以上がAの役員又は使用人である（Bの経営上の意思決定は事実上Aに委ねられている）
> ロ　Bの事業活動の相当部分をAに依存している（事業活動を通じてAはBを支配している）
> ハ　Bがその事業活動に必要とされる資金の相当部分をAからの借入れにより又はAの保証を受けて調達している（事業資金を通じてAはBを支配している）

　なお，条文（措令39の12①三）では，上記の事実のほか上記事実に類する事実がある場合にも実質支配関係があるとしていますが，この場合の事実には次のようなものが挙げられます（措通66の4(1)-3）。

> ニ　BがAから提供される事業活動の基本となる著作権，工業所有権（特許権や商標権など），ノーハウ等に依存してその事業活動を行っていること
> ホ　Bの役員の半分以上又は代表取締役がAによって実質的に決定されていると認められる事実があること

　いかがでしょうか。国外関連者を，実質支配関係まで含めて考えていくとかなり広い範囲にわたることがわかると思います。また，ここでは詳しくお話ししませんが，持株関係と実質支配関係とが連鎖する関係も特殊な関係として位置づけられますので（措令39の12①四，五），持株関係が途中で切れているからといって安心することはできません。持株関係にとらわれず，グループ企業の事業内容をよく把握しておく必要があります。

　なお，上述の説明では内国法人が国外関連者を支配するという構図を中心に説明しましたが，外国法人が内国法人を支配する構図も同じようにあるということに留意してください。

(3) 国外関連取引

②で示した条文のとおり，国外関連取引とは，国外関連者との間で行う資産の販売，資産の購入，役務の提供その他の取引をいいます。したがって，およそ私たちが企業間で「取引」と認識し得るもの全てが入ります。例えば，国外関連者との間で行う資産の売買や役務提供以外でも特許やノウハウといった無形資産の使用許諾や金銭消費貸借，債務保証といったものも当然に含みます。

やや紛らわしいものとして，国外関連者が日本に支店等の恒久的施設（PE）を有していて，法人がそのPEと取引する場合があります（**図表1－12**）。この場合，そのPEに帰属する国内源泉所得に係るものは，移転価格税制の対象外とされています（②で掲げた条文の＿＿＿部分）。

これは，仮にこれらの取引を通じて，法人から国外関連者に所得が移転していたとしても，その所得移転額は，そのPEが国内源泉所得として日本に確定申告することになるので，日本から海外への所得移転はないと評価できるからです。

(図表1－12)

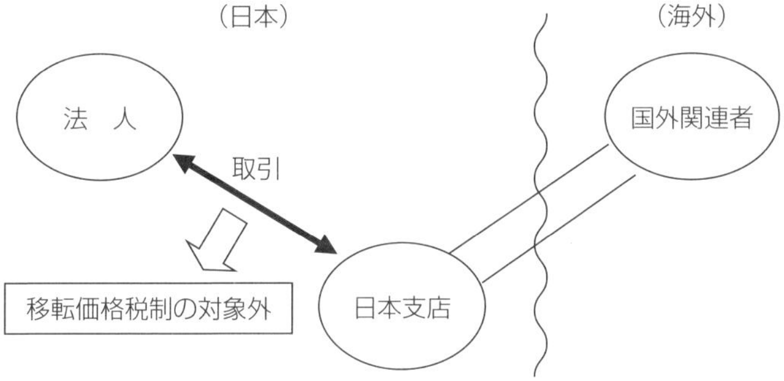

8 非関連者介在取引

以上のとおり，法人と国外関連者との取引が移転価格税制の対象となるのですが，**図表1－13**のとおり，仮に，法人と国外関連者との間に非関連者を介

在させた場合にはどうなるでしょうか。一義的には、国外関連取引は遮断されるので、移転価格税制の対象とはならないと考えられます。しかし、非関連者と国外関連者又は法人との間で取引されることがあらかじめ契約等により定まっている場合で、かつ、非関連者と国外関連者又は法人との取引の対価が法人と国外関連者との間で実質的に決定されていると認められる場合には、法人と非関連者との取引は国外関連取引とみなすこととされています（措法66の4⑤、措令39の12⑨）。

(図表1－13)

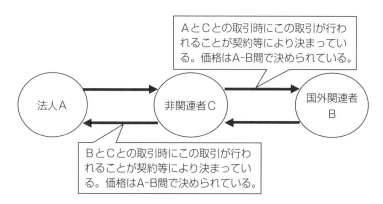

租税特別措置法66条の4（国外関連者との取引に係る課税の特例）第5項
　法人が当該法人に係る国外関連者との取引を他の者（一部省略。以下この項において「非関連者」という。）を通じて行う場合として政令で定める場合における当該法人と当該非関連者との取引は、当該法人の国外関連取引とみなして、第1項の規定を適用する。

租税特別措置法施行令39条の12（国外関連者との取引に係る課税の特例）第10項
　法第66条の4第5項の規定により国外関連取引とみなされた取引に係る同条第1項に規定する独立企業間価格は、同条第2項の規定にかかわらず、

> 当該取引が前項の法人と同項の当該法人に係る国外関連者との間で行われたものとみなして同条第2項の規定を適用した場合に算定される金額に，当該法人と当該国外関連者との取引が非関連者を通じて行われることにより生ずる対価の額の差につき必要な調整を加えた金額とする。

　この場合，独立企業間価格は，あくまでも法人と国外関連者との間で行われたものとして計算し，非関連者を介在させることにより生ずる対価の額の差について必要な調整を加えた金額とされます（措令39の12⑩）。

　例えば，輸出取引において，**図表1－14**のように独立企業間価格が150と算定された場合，非関連者Cの役割等を勘案した適正マージンが10であるとすると，A社はC社に対しては140で取引するのが独立企業間価格での取引となります。したがって，A社への課税においては140と100との差額40が所得移転額として所得に加算されるということになります。非関連者の所在地が国内海外の如何にかかわらず，法人と非関連者との取引を国外関連取引とみなす理由は，移転価格税制で課税するのはあくまでも法人Aだからです。

　この取扱いにより，故意に第三者を介在させることで移転価格税制を回避しようとする動きを牽制することになるわけです。

（図表1－14）

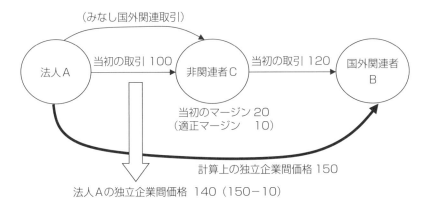

3 移転価格税制と寄附金課税

1 なぜ寄附金課税を取り上げるのか

　国外関連者に対する取引について，移転価格税制と寄附金課税とのどちらを適用するかについては，実務の現場でも混乱が生じやすく，理論と実務が統一的に整理されているのかどうか疑問を感じることがあります。

　例えば，海外に子会社を立ち上げて，海外市場に打って出る企業があるとしましょう。この場合，子会社の事業が軌道に乗るまで，親会社の社員が，現地でのオペレーションに関する指導等を行うことが十分考えられます（図表１－15）。仮に，親会社がこの子会社から社員の派遣に対して一銭も受領していないとしましょう。この場合，皆さんは子会社に対して親会社の社員を派遣したことに対する対価を取るべきだったと考えるでしょうか？　それとも，親会社主導で子会社を立ち上げたのだから当然それは親会社の仕事であり対価など取る必要はないと考えるでしょうか？

　実は，前者の発想で考えると寄附金課税が適用される可能性があり，後者の考え方に立つと移転価格課税が適用される可能性があるというのが実務の現状であると言えます。ここではこのことについて理論と実務の双方から検討します。

　上述したような例は特に税務調査の場面で議論になることが多々あります。その理由は，一般の寄附金については損金算入限度額の範囲内で損金算入が認められますが，国外関連者に対する寄附金はその全額が損金不算入となるから

です。つまり、国外関連者に対する寄附金を認定できれば、その全額が所得に加算されるため、税務調査での重要な調査項目となっているわけです。

(図表1-15)

2 国外関連者に対する寄附金の取扱い

租税特別措置法には次のような条文があります。

> 租税特別措置法66条の4（国外関連者との取引に係る課税の特例）第3項
>   法人が各事業年度において支出した寄附金の額（法人税法第37条第7項に規定する寄附金の額をいう。以下この項及び次項において同じ。）のうち当該法人に係る国外関連者に対するもの（恒久的施設を有する外国法人である国外関連者に対する寄附金の額で当該国外関連者の各事業年度の同法第141条第1号イに掲げる国内源泉所得に係る所得の金額の計算上益金の額に算入されるものを除く。）は、当該法人の各事業年度の所得の金額の計算上、損金の額に算入しない。この場合において、当該法人に対する同法第37条の規定の適用については、同条第1項中「次項」とあるのは、「次項又は租税特別措置法第66条の4第3項（国外関連者との取引に係る課税の特例）」とする。

法人が支出する寄附金の額の取扱いには大きく3つのものがあります。ひとつは、国等に対する寄附金や指定寄附金で全額が損金算入されるもの、そして、一般の寄附金や特定公益増進法人等に対する寄附金のように一定の損金算入限度額まで損金算入が認められ、それを超えると損金不算入となるもの、さらに、国外関連者に対する寄附金や完全支配関係にある内国法人に対する寄附金でその全額が損金不算入となるものです。これらの取扱いのうち国外関連者に対す

る寄附金の額を除き，全て法人税法上で規定されています（法法37①，法令73①）。国外関連者に対する寄附金の額の取扱いだけは，法人税法上には規定されておらず，上の条文のとおり租税特別措置法の移転価格税制の中で規定されています。

　その理由は，国外関連者に対する寄附金の額の取扱いは，移転価格税制を有効に機能させるために措置されたことにあります。移転価格税制は，法人と国外関連者との間の取引価格が独立企業間価格ではないために，所得が国外関連者に移転している場合に，その所得移転額を法人の所得に加算して申告することを求める制度でしたね。では，この移転価格税制を適用されないようにするために，国外関連者との取引自体は独立企業間価格で行っておいて，移転させたい所得を現金で国外関連者に渡したらどうなるでしょうか。もし，上に掲げた条文がなければ，損金算入限度額の計算をしたうえで，その超える部分が損金不算入となります。規模の大きな法人では，億円単位の損金算入限度額が計算されることもありますので，かなりの金額の贈与が損金算入されることになります。このようなアンバランスを是正するために，移転価格税制の導入5年後の平成3年の税制改正で，上に掲げた条文が移転価格税制の中に置かれたわけです。

　なお，寄附金の概念それ自体は何ら変わるわけではありません。したがって，国外関連者の倒産を回避するためにやむを得ず行われる債権放棄等，法人税基本通達9－4－2の取扱いが適用される場面においては，それらの贈与又は経済的利益の供与の額は寄附金の額に含まれないことになります。

3　寄附金の額とは何か

　では，国外関連者に一定額の利益をつける目的で取引価格を操作した場合にはどうなるでしょうか。国外関連者に対する寄附金が全額損金不算入とする趣旨からすると，単純な贈与だけが寄附金課税の対象となり，価格が付されている取引であれば全て移転価格税制によって対処されるという考え方が生じます。

しかし，その理解の仕方はかなり誤解を生む可能性があります。

②の条文では，国外関連者に対する寄附金の額とは法人税法37条7項に規定する寄附金であると規定しています。そこで，まず，法人税法上の寄附金の額の規定を見ていきたいと思います。

> **法人税法37条（寄附金の損金不算入）7項及び8項**
> 7　前各項に規定する寄附金の額は，寄附金，拠出金，見舞金その他いずれの名義をもってするかを問わず，内国法人が金銭その他の資産又は経済的な利益の贈与又は無償の供与（広告宣伝及び見本品の費用その他これらに類する費用並びに交際費，接待費及び福利厚生費とされるべきものを除く。次項において同じ。）をした場合における当該金銭の額若しくは金銭以外の資産のその贈与の時における価額又は当該経済的な利益のその供与の時における価額によるものとする。
> 8　内国法人が資産の譲渡又は経済的な利益の供与をした場合において，その譲渡又は供与の対価の額が当該資産のその譲渡の時における価額又は当該経済的な利益のその供与の時における価額に比して低いときは，当該対価の額と当該価額との差額のうち実質的に贈与又は無償の供与をしたと認められる金額は，前項の寄附金の額に含まれるものとする。

7項では，金銭や資産の贈与だけでなく，タダで役務を提供してあげた場合や無利息で貸付を行った場合等，経済的な利益の無償の供与についてもその時の価額が寄附金の額に該当することが規定されています。この規定は，法人の所得計算の一般規定である法人税法22条2項に規定されている「無償による資産の譲渡や役務提供」についても収益として益金の額に算入する旨の取扱いと表裏の関係があると言われています。つまり，無償で役務提供を行い，相手に100万円の経済的利益を供与した場合には，次のような**図表1－16**（別表四）での処理を求められるわけです。

(図表1－16)

所得の金額の計算に関する明細書（別表四）		総額	処分		
			留保	社外流出	
区　　　分		①	②	③	
当期利益又は当期欠損の額	1	円 ×××	円 ×××	配当	円
				その他	
加算	役務提供取引による収益	1,000,000		その他	1,000,000
減算	寄附金認容	1,000,000		その他	1,000,000
仮　　計					
寄附金の損金不算入額（加算）		×××		その他	×××

　無償の取引に対して収益を認識させる理由には諸説ありますが，無償取引は必ずしも全て寄附金となるわけではなく，場合によっては給与や繰延資産といったものになる可能性もあります。ここでは，「無償取引については一旦収益認識したうえで内容に応じた処理をするというルールになっている」という理解でとどめておきたいと思います。

　そして，この無償取引には「低価取引（時価よりも低い価格で資産を譲渡したり役務提供を行ったりする取引）」も含まれるものと考えます。それは，上記に示した法人税法37条8項で，低価取引を行った場合において，時価とその低価の価額との差額につき実質的に資産又は経済的利益の贈与又は無償の供与をしたと認められる金額は，7項の（無償取引による）寄附金の額に含まれるものとするとされていることからも明らかではないかと思われます。この8項はいわゆる「確認規定」であると言われています。つまり，新しい法律関係を創設するのではなく，すでにある法律関係を確認するための規定であるという位置づけです。8項が低価取引のみ規定したのは，法人税法22条2項と上記の37条7項との関係から，特に対価としての流入の一部がない低価取引においても寄附金の額が存在し得ることを確認的に明らかにするためであると考えられます。

4 寄附金課税と移転価格税制との理論的な関係

　さて，ここでようやく本題に入ります。2で掲げた条文のとおり，国外関連者に対する寄附金の額とは法人税法37条7項に規定する寄附金の額をいいます。そして，繰り返しになりますが，法人税法37条7項に規定する寄附金の額を構成することになる無償取引による「金銭その他の資産の贈与」の額や「経済的利益の無償の供与」の額には「低価取引で実質的に贈与又は無償の供与をしたものと認められるもの」の額も含まれます。

　一方，これも繰り返しになりますが，租税特別措置法66条の4第3項の規定においては，寄附金の概念そのものは何ら変更されていません。また，損金不算入となる国外関連者に対する寄附金の額の取扱いにおいて，寄附金の額から移転価格税制の適用があるものを除くといったような規定も見当たりません。つまり，これらの条文を見る限り「寄附金の額は移転価格税制があろうとなかろうと寄附金の額であり，両者が重なり合う部分はない」と規定しているように思われるわけです。この点，移転価格事務運営要領は次のように移転価格税制と寄附金の額との関係を明らかにしています。

> **移転価格事務運営要領3－19（国外関連者に対する寄附金）**
> 　調査において，次に掲げるような事実が認められた場合には，措置法第66条の4第3項の規定の適用があることに留意する。
> イ　法人が国外関連者に対して資産の販売，金銭の貸付け，役務の提供その他の取引（以下「資産の販売等」という。）を行い，かつ，当該資産の販売等に係る収益の計上を行っていない場合において，当該資産の販売等が金銭その他の資産又は経済的な利益の贈与又は無償の供与に該当するとき
> ロ　法人が国外関連者から資産の販売等に係る対価の支払を受ける場合において，当該法人が当該国外関連者から支払を受けるべき金額のうち当

該国外関連者に実質的に資産の贈与又は経済的な利益の無償の供与をしたと認められる金額があるとき
ハ　法人が国外関連者に資産の販売等に係る対価の支払を行う場合において，当該法人が当該国外関連者に支払う金額のうち当該国外関連者に金銭その他の資産又は経済的な利益の贈与又は無償の供与をしたと認められる金額があるとき
　（注）　法人が国外関連者に対して財政上の支援等を行う目的で国外関連取引に係る取引価格の設定，変更等を行っている場合において，当該支援等に基本通達9－4－2《子会社等を再建する場合の無利息貸付け等》の相当な理由があるときには，措置法第66条の4第3項の規定の適用がないことに留意する。

　上の事務運営要領のロは明らかに法人税法37条8項の規定を意識して作られていることがわかります。つまり，低価取引にあってもその低価部分につき「実質的に金銭その他の資産の贈与又は経済的利益の無償の供与をしたもの（以下「実質的に贈与したもの」といいます）」と認められる金額があれば，その部分は国外関連者に対する寄附金の額として取り扱われることを示しています。事務運営要領は事務運営上の留意事項を国税庁から現場に通達するものであり法律の解釈を示したものとは言えませんが，この部分は，事実上，法解釈を示しているといってもおかしくない規定となっています。そして，法人税法37条7項，8項と租税特別措置法66条の4第3項の規定をこれまで説明したように理解しないと，この事務運営要領を理解するのはなかなか困難ではないかと思われます。

5　「実質的に贈与したもの」の意味

　法人税法37条8項は，確認規定であると申し上げました。その意味では，低価取引だけではなく，高価買取りなどの「高価取引」についても時価との差額

のうち「実質的に贈与したもの」と認められる金額がある場合には当然その金額は寄附金の額になるのだとする考え方が生じます。このように考えると，事務運営要領のハについては，国外関連者に支払う金額のうち贈与したものについて「実質的に」という言葉が抜け落ちているのではないかという疑問が生じます。そこで「実質的に贈与したもの」の意味を確認しておきたいと思います。

まず，「実質的に贈与したものとはならないケース」を考えます。一般的には，取引価格と時価とに差額があっても，別の面でこれに見合う経済的利益を享受している場合には贈与があったとは見ません。例えば，事業資金の貸付に対する利息が低利であっても，相手から仕入れる商品の価格にその分がきちんと織り込まれていて利益をしっかり確保していることが明らかであれば低利であることの経済的な合理性が認められます。このようなケースは「実質的に贈与したものとはならないケース」であるといえます。

次に，取引価格が時価と乖離しているケースで，上述したような経済的な合理性が認められない場面を考えます。この場合にストレートに寄附金の額にいくかどうかは意見が分かれるところです。ストレートに寄附金の額になるのであれば，海外子会社等に対して従来寄附金の額として取り扱われた領域が移転価格税制に取って代わられたことになります。しかし，4で示した移転価格事務運営要領のロでは，「実質的に贈与したもの」についてはあくまでも法人税法37条7項の寄附金の額の領域として整理しています。これは，時価と取引価格との差額について，経済的合理性が見いだせないときに自動的に寄附金の額になるのではなく，「贈与した」という認定をした上で初めて寄附金の額として取り扱うことを意味しています。この場合の「実質的に」という言葉は，経済的合理性の有無だけを問題にしているのではなく，「対価の流入があってもそれが少ない場合，一部「贈与した」と認定し得るものがあるのであればその部分は，外形的に支払行為がなくても贈与があったと見ますよ」という全体の意味にかかっているものと考えられます。

このように考えると，4で示した事務運営要領のハで，高価取引については，「実質的に」という言葉が使われていない理由がわかります。高価取引の場合

には金銭の支払が現実になされています。したがって，支払われた金額のうち，一部分であってもそれが贈与であると認められるのであれば，それは「実質的」ではなく，正真正銘の「贈与」であると考えられるわけです。

したがって，3の冒頭で提起した問題である「国外関連者に一定の利益をつけるために取引価格を操作した場合の課税関係」は，一義的には寄附金課税として検討されるべきものということになると思われます。

もっとも寄附金と移転価格税制との関係に係る理論的な検討については，専門家と言われる方々の間でも様々な見解が見られます。理論的に必ずしも統一されているわけではないということが移転価格課税と寄附金課税との関係をわかりにくくしている原因のひとつと考えられます。

6 国税庁の事例集

ここで，もう一度，1で掲げた例を考えます。この事例は，国税庁が移転価格事務運営要領の別冊として公表している事例集（以下「事例集」といいます）に掲載されています。

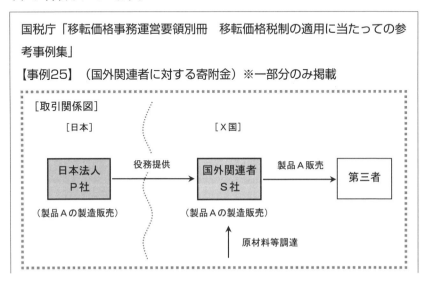

国税庁「移転価格事務運営要領別冊　移転価格税制の適用に当たっての参考事例集」
【事例25】（国外関連者に対する寄附金）※一部分のみ掲載

(法人及び国外関連者の事業概況等)
　日本法人P社は，製品Aの製造販売会社であり，3年前に製品Aの製造販売子会社であるX国法人S社を設立した。S社は，設立の直後から製品Aの製造工場の建設に着手し，工場は建設工事開始から1年後に完成したが，現地採用従業員の機械操作等に対する習熟度が低いことなどから当初の生産計画を達成できていない状況にある。
(国外関連取引の概要等)
　P社は，S社の製造工場完成後に製品A製造設備に係る保守・点検やS社従業員に対する教育訓練等の業務を行うため，P社社員をS社に派遣している(当該業務にP社の無形資産は使用されていない。)。
　P社は，S社に対するこれらの業務に係る役務提供の対価を収受していない。

上記のような前提条件で，事例集ではまずP社社員の派遣に係るP社・S社の取決めの内容は次のようであるとしています。

　P社はS社の業績予測を行ったが，製品Aの製造販売事業が軌道に乗りS社の経営が安定するまでの間，S社の資金事情は厳しい状況にある。P社とS社は，P社社員が行う業務に係る役務提供の対価を収受するための契約を取り交わしたが，P社はS社を財政的に支援する目的で，両社の合意により当該対価を収受しないこととした。
　なお，S社は，倒産に至る可能性があるような業績不振の状態にはない。

P社とS社との間でのこのような取決めがなされている場合には，P社が行うS社の役務提供は，財政的な支援を目的としたP社のS社に対する経済的利益の無償の供与に該当するのは明らかです。したがって，事例集でも措置法66条の4第3項の規定の適用を受けることから移転価格税制に基づく課税の対象とはならないとしています。
　次に，前提条件は全く同じで，P社社員の派遣に係るP社・S社の取決めの

内容を次のように置き換えます。

> P社は，S社に対してこれらの業務を行うことは子会社に対する親会社としての責務であるとして，役務提供取引に係る契約をS社と締結していない。

このようなケースでは，事例集では，P社が行うS社に対する役務の提供は，無償による役務の提供に該当するが，法人税法37条7項に規定するような経済的利益の無償の供与には該当しないとしています。

「無償による役務の提供ではあるが，経済的利益の無償の供与に該当しない」というのがやや理解しづらいかもしれません。2の「寄附金の額とは何か」で触れましたが，法人税法22条2項では，いわゆる無償取引からも収益を認識すべきことを説明しました。しかし，無償取引だからといって直ちに寄附金になるわけではありません。無償取引が「金銭その他の資産の贈与又は経済的利益の無償の供与」となって初めて寄附金の額を構成することになります。上述の例では，P社がS社に贈与（経済的利益なので供与）したと認定できて初めて贈与した金額を寄附金の額として取り扱うことになりますが，P社側では贈与したとの認識はなく，S社側でも贈与を受けたとの認識はありません。したがって，経済的利益の無償の供与には該当しないということになるわけです。事例集では，これらのことを「P社がS社に対して行う業務に有償性がないとはいえないから経済的な利益の無償の供与が行われたと認めることができない」という少々わかりにくい言い方で説明しています。ここでは「贈与（無償の供与）がある」ということを「有償性がない」という言葉に置き換えています。そして，事例集では，このようなケースでは移転価格税制に基づく課税の対象として検討するとしています。

7 寄附金課税と移転価格税制を巡る実務上の留意点

以上,これまでの説明をまとめると次のとおりです。

> ① 金銭その他の資産の贈与又は経済的利益の無償の供与は,寄附金課税の対象であり,移転価格税制の対象とはならない。
> ② 時価よりも低い価格で資産を譲渡したり役務提供を行ったりした場合や,時価よりも高い金額で資産を譲り受けたり,役務提供を受けたりした場合で,時価と取引価格との差額のうち,「贈与した」と認められる部分がある場合にもその部分は寄附金課税の対象として取り扱われる。
> ③ 逆に,無償の取引であったとしても移転価格税制が適用されることがある。

6で説明した事例からも明らかなとおり,外形的な事実が同じでも中身(会社側の説明や疎明資料)が違えば,その適用も寄附金課税,移転価格課税両方があり得るというのが移転価格課税と寄附金課税との関係をわかりにくくしているもうひとつの理由であると言えます。例えば,税務調査時に日本の親会社が海外の国外関連者に行った役務提供に係る対価を収受していない取引が認められた場合,「本当は対価をもらわなくてはいけないのだが,国外関連者は資金的に苦しい状態なのでもらわないことにした。」という説明をしていくと寄附金課税の方向で検討が進むことになります。逆に「これは,親会社自身のためにやっていることだからそもそも対価をもらうことは考えていなかった。」というと移転価格課税の見地から検討が進められるということになります。

以上のとおり,寄附金課税と移転価格課税とでは実務上「贈与(無償の供与)の認定」があるかどうかという点がもっとも大きな違いとして表れていることがわかります。では,これらの問題を引き起こさないためにはどうしたらよいでしょうか。それは,5の「『実質的に贈与したもの』の意味」で少し触れましたが,時価と取引価格との差額について経済的な合理性があるかどうか

検討するということです。例えば、国外関連者との間での取引が低価又は無償であると認められる場合には、
① 低価の場合について、取引量が多いので十分採算が取れているというのであれば、一種の値引き又は割戻しとして説明する余地がないか。また、国外関連者から棚卸資産の取引とは別にノーハウ等の提供を受けているということであれば、その対価部分が値決めに反映されているか（払わなくてはいけない分価格を安くしていると言えるか）。
② 国外関連者が倒産に至る可能性があるような業績不振の状態にあるか。
③ もともと株主としての親会社の行為であり国外関連者に対する役務提供とは言えないのではないか。
といったことを検討し、該当するのであればそのための資料を準備しておくことが重要と思われます。

以下、寄附金課税と移転価格課税との関係をイメージ図（図表1－17）で示しましたので参考にしてください。

(図表1－17)
国外関連者との無償取引及び低価取引・高価取引がある場合の寄附金課税と移転価格課税との関係イメージ図

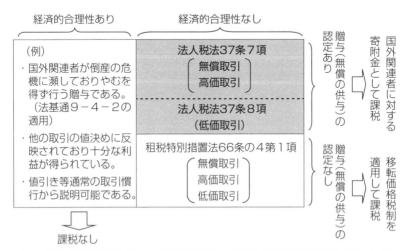

（※　図中の無償取引とは、対価の授受がない取引という意味で使用しています）

8 冒頭の事例における独立企業間価格の考え方

　最後に，6で示した事例集での事例のように社員を国外関連者に派遣して国外関連者の本業を支えるために何らかの役務提供を行う場合，これを移転価格税制上の問題として検討するには独立企業間価格をどのような考え方で決めていけばよいのか説明します。

　これについては，移転価格事務運営要領に記載されている取扱いが参考になります。

> **移転価格事務運営要領2－10（原価基準法に準ずる方法と同等の方法による役務提供取引の検討）**
> (1)　法人が国外関連者との間で行う役務提供のうち，当該法人又は当該国外関連者の本来の業務に付随した役務提供について調査を行う場合には，必要に応じ，当該役務提供の総原価の額を独立企業間価格とする原価基準法に準ずる方法と同等の方法の適用について検討する。
>
> 　　この場合において，本来の業務に付随した役務提供とは，例えば，海外子会社から製品を輸入している法人が当該海外子会社の製造設備に対して行う技術指導等，役務提供を主たる事業としていない法人又は国外関連者が，本来の業務に付随して又はこれに関連して行う役務提供をいう。また，役務提供に係る総原価には，原則として，当該役務提供に関連する直接費のみならず，合理的な配賦基準によって計算された担当部門及び補助部門の一般管理費等間接費まで含まれることに留意する。
> 　(注)　本来の業務に付随した役務提供に該当するかどうかは，原則として，当該役務提供の目的等により判断するのであるが，次に掲げる場合には，本文の取扱いは適用しない。
> 　　　イ　役務提供に要した費用が，法人又は国外関連者の当該役務提供を行った事業年度の原価又は費用の額の相当部分を占める場合

3　移転価格税制と寄附金課税　47

> ロ　役務提供を行う際に無形資産を使用する場合等当該役務提供の対価の額を当該役務提供の総原価とすることが相当ではないと認められる場合
>
> (2)　省略

　まだこの章では，独立企業間価格の算定方法について説明していませんので，上記の事務運営要領中「原価基準法に準ずる方法と同等の方法」といった用語は無視してください。ここで言いたいことは，6で説明した事例集のような事例において，独立企業間価格を検討する際には，役務提供に要したコストから対価を検討しましょうということです。この場合のコストには，社員の派遣に要した旅費交通費や現地滞在費用といった直接かかった費用のほか，その社員の派遣期間に対応する給与，法定福利費やその社員が所属する部署等の間接費なども合理的に按分計算して配賦する必要があるとしています。この取扱いは，従来からあった子会社に対する出張費用を親と子のどちらで負担するかといった「費用負担」の考え方との共通性が認められます。つまり，この取扱いは寄附金課税とのバランスと価格算定が比較的容易であるという行政上の便宜を図ったものと考えられるわけです。少し言い過ぎかもしれませんが，社員を派遣して国外関連者の従業員の教育訓練をしたというレベルで第三者間での取引価格を求めるのは，土台無理というものなのかもしれません。

　1で移転価格の調査による課税件数がこの10数年間で飛躍的に増加したことを指摘しましたが，ここで示した事例のような小規模な課税事案が相当数含まれているものと推察します。移転価格税制に係る税務調査については第4章で説明しますが，これらの事例で示したような取引を対象とする税務調査は移転価格税制に特化した調査ではなく，通常の税務調査の中で進められます。冒頭に指摘したように，国外関連者に対する寄附金は重要な調査項目のひとつですので，今回の事例のような取引はとかく調査の俎上に上がりやすく，結果として移転価格税制として処理するケースも多くなるのではないかと思われます。果たして上述のような検討で導かれた価格が独立企業間価格と言えるかどうか

は議論のあるところですし，このような取引にまで厳格に移転価格税制を適用することに少々疑問も感じますが，その検討は別の機会に譲るとして，私たちは，国外関連者に対して社員を派遣するような日常よく見られるケースについても，十分に課税上のリスクを理解しておく必要があります。

第2章

独立企業間価格の算定

1 総　論

　第1章では，移転価格税制を理解する上での土台づくりをしました。土台といっても移転価格税制に関する国内での基本的な手続や中小企業でもよく見られる事例を寄附金課税の観点を含めて説明しましたので，税務調査等に対しても，ある程度対応可能な状態になっていることと思います。

　ここからは，いよいよ土台の上に柱を立てる工程に移ります。それは，この税制の最も中心に位置づけられる「独立企業間価格の算定」です。

1　独立企業間価格の算定方法の概要

　独立企業間価格の算定方法は，租税特別措置法66条の4第2項及び租税特別措置法施行令39条の12第8項にそれぞれ規定がありますが，一覧で示すと**図表2-1**のとおりとなります。たくさんあって頭がクラクラしてきそうですが，いくつかのグループに分けることで大枠としての理解が可能です。

　まず，**図表2-1**をみると，「棚卸資産の売買取引」と「棚卸資産の売買取引以外の取引」で算定方法が分かれています。でもよく見ると，「棚卸資産の売買取引以外の取引」に記載されている方法は，「棚卸資産の売買取引」に掲げられている方法に「…と同等の方法」というものがくっついているだけで，内容的には同じであることがわかります。

　次に，**図表2-1**の2つ目の枠で「基本三法に準ずる方法」というものがあります。この方法は，その上にある「基本三法」を基にしつつ，その考え方から乖離しない限りにおいて合理的な方法をいいます。また，3つ目の枠の「そ

(図表2-1 独立企業間価格の算定方法)
(国税庁移転価格事務運営要領別冊参考事例集より抜粋)

棚卸資産の売買取引	棚卸資産の売買取引以外の取引
【基本三法】 ① 独立価格比準法 　（措置法第66条の4第2項第1号イ） ② 再販売価格基準法 　（措置法第66条の4第2項第1号ロ） ③ 原価基準法 　（措置法第66条の4第2項第1号ハ）	【基本三法と同等の方法】 ① 独立価格比準法と同等の方法 　（措置法第66条の4第2項第2号） ② 再販売価格基準法と同等の方法 　（措置法第66条の4第2項第2号） ③ 原価基準法と同等の方法 　（措置法第66条の4第2項第2号）
【基本三法に準ずる方法】 ① 独立価格比準法に準ずる方法 　（措置法第66条の4第2項第1号ニ） ② 再販売価格基準法に準ずる方法 　（措置法第66条の4第2項第1号ニ） ③ 原価基準法に準ずる方法 　（措置法第66条の4第2項第1号ニ）	【基本三法に準ずる方法と同等の方法】 ① 独立価格比準法に準ずる方法と同等の方法 　（措置法第66条の4第2項第2号） ② 再販売価格基準法に準ずる方法と同等の方法 　（措置法第66条の4第2項第2号） ③ 原価基準法に準ずる方法と同等の方法 　（措置法第66条の4第2項第2号）
【その他政令で定める方法】 ① 比較利益分割法 　（措置法施行令第39条の12第8項第1号（同号イに係る部分に限る）） ② 寄与度利益分割法 　（措置法施行令第39条の12第8項第1号（同号ロに係る部分に限る）） ③ 残余利益分割法 　（措置法施行令第39条の12第8項第1号（同号ハに係る部分に限る）） ④ 取引単位営業利益法 　（措置法施行令第39条の12第8項第2号から第5号） ⑤ ①から④までの方法に準ずる方法 　（措置法施行令第39条の12第8項第6号）	【その他政令で定める方法と同等の方法】 ① 比較利益分割法と同等の方法 　（措置法第66条の4第2項第2号） ② 寄与度利益分割法と同等の方法 　（措置法第66条の4第2項第2号） ③ 残余利益分割法と同等の方法 　（措置法第66条の4第2項第2号） ④ 取引単位営業利益法と同等の方法 　（措置法第66条の4第2項第2号） ⑤ 左欄の⑤の方法と同等の方法 　（措置法第66条の4第2項第2号）

の他政令で定める方法」の⑤にも「準ずる方法」があります。これも、上の①から④の方法の考え方から乖離しない限りにおいて合理的な方法をいいます。実務上は、どこまでを「準ずる方法」と見るかについては、必ずしも明らかでなく議論のあるところですが、その問題は、別の機会に取り上げます。ここでは、「準ずる方法」をその基となる方法に含めることとします。基本となる考え方は同じだからです。

　ここまで絞り込むと、主な独立企業間価格の算定方法は、「基本三法」と「その他政令で定める方法①～④」の合計7つの方法ということになります。

2　独立企業間価格算定のためのアプローチと算定方法との関係

　独立企業間価格とは、第1章の2で説明しましたが、「国外関連取引が独立の事業者間で通常の取引条件に従って行われるとした場合にこの国外関連取引につき支払われるべき対価の額」をいいます。つまり、国外関連者との取引における価格が「独立企業間かどうか」ということが最大のポイントとなるわけです。

　移転価格税制上、取引価格が独立企業間かどうかを検討する際には、①価格自体が独立企業間かどうか検討する、②原価に上乗せする利益や仕入側が非関連者に売却する際の利益が独立企業間かどうか検討する、③取引当事者の利益の合計を役割に応じて按分するとどうなるか検討する、といった3つのアプローチがあります。この3つのアプローチに対して、上記の7つの方法をあてはめると次のようになります。

> (1) 価格自体が独立企業間かどうか検討する方法
>   独立価格比準法
> (2) 原価に上乗せする利益や仕入側が非関連者に売却する際の利益が独立企業間かどうか検討する方法
>   原価基準法 再販売価格基準法 取引単位営業利益法
> (3) 取引当事者の利益の合計を役割に応じて分割する方法
>   比較利益分割法 寄与度利益分割法 残余利益分割法

以下，それぞれについてその概略を説明します。

(1) 価格自体が独立企業間かどうか検討する方法

この方法は，図表2－2のとおり国外関連者との取引価格そのものが独立企業間のものであるかどうか検討する方法です。このアプローチによる独立企業間価格の算定方法を「独立価格比準法」といいます。考え方自体はあまりに当たり前のことなので，これ以上説明は要しないかもしれません。このアプローチで独立企業間価格がわかれば他の方法を考える必要はありません。しかし，2で説明しますが，この方法を実際に適用できるのはごく限られた取引しかないのが現実です。

(図表2－2)

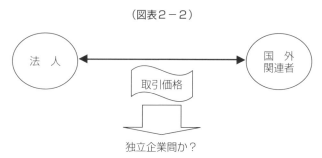

(2) 原価に上乗せする利益や仕入側が非関連者に売却する際の利益が独立企業間かどうか検討する方法

　取引価格は，仕入原価や製造原価に利益を乗せることで算定できます。したがって，原価に上乗せする利益が独立企業間の水準であれば，取引価格が独立企業間のものであると言えます（図表２－３）。また，仕入側がその先の顧客である非関連者に売却した際の利益をその売却代金から差し引くことで仕入価格が算定されます。したがって，仕入側が非関連者に売却する際の利益が独立企業間の水準であれば，これもまた取引価格が独立企業間のものであると言えます（図表２－４）。前者のアプローチによる独立企業間価格の算定方法を「原価基準法」，後者のアプローチによる独立企業間価格の算定方法を「再販売価格基準法」といいます。

　なお，これらの方法により独立企業間かどうかを検討する利益とは売上総利益（いわゆる粗利）を指しますが，これを営業利益ベースに広げたものを「取引単位営業利益法」といいます。

　これらの方法は３，４及び５で詳しく説明します。

(図表２－３)

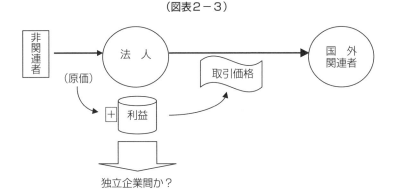

(図表2-4)

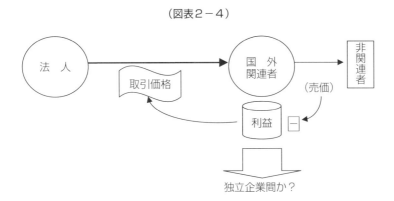

(3) 取引当事者の利益の合計を役割に応じて分割する方法

　この方法は，取引当事者間の役割に応じて両者の利益の合計を分割するというものです。分割することにより内国法人の適正な利益が計算できれば取引価格が算定できます（**図表2-5**）。

　このアプローチによる独立企業間価格の算定方法を「利益分割法」といい，さらに細かいアプローチの違いにより「比較利益分割法」「寄与度利益分割法」「残余利益分割法」が政令で規定されています。これらは，6で詳しく説明します。

(図表2-5)

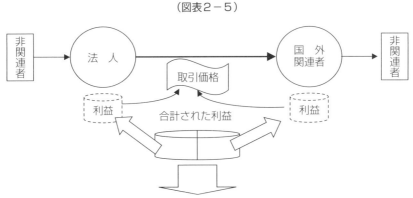

3　取引価格の意味

　以上，やや乱暴だったかもしれませんが，独立企業間価格算定のためのアプローチと算定方法との関係を説明しました。すでにお気づきかもしれませんが，独立企業間価格の算定方法といえども，ひとつひとつの独立企業間価格そのものを具体的に算定するのは「独立価格比準法」のみで，あとは，「独立企業間」かどうかを取引当事者の利益の金額，より正確にいうと2(2)のアプローチを取る場合には「利益率」を計算することで判断することになります。実際に国外関連者に対する所得移転額を計算する際，独立価格比準法によった場合には，ひとつひとつの「取引価格」と独立企業間における「価格」との差額に取引量を乗じて計算することになりますが，それ以外の方法によった場合には，必ずしもひとつひとつの「取引価格」を基にして計算するわけではありません。

　例えば，原価基準法や再販売基準法では，対象となる取引に係る原価や売上高の合計額に独立企業間における売上総利益率を乗じて独立企業間における「売上総利益の額」を計算し，それを原価の合計額にプラスしたり売上高の合計額からマイナスしたりして独立企業間における取引の合計額を算出します。その上で，対象となる取引金額の合計額とに差額があればそれを所得移転額とするわけです。したがって，図表2－3～2－5で示した「取引価格」はひとつひとつの取引において付された価格を指すのではなく，「一セグメントの売上高」といったような束ねられた取引の金額として捉える必要があります。この点について，通達では次のようにその考え方を示しています。

租税特別措置法関係通達66の4(4)－1（取引単位）
　独立企業間価格の算定は，原則として，個別の取引ごとに行うのであるが，例えば，次に掲げる場合には，これらの取引を一の取引として独立企業間価格を算定することができる。
　(1)　国外関連取引について，同一の製品グループに属する取引，同一の

> 事業セグメントに属する取引等を考慮して価格設定が行われており，独立企業間価格についてもこれらの単位で算定することが合理的であると認められる場合
> (2) 国外関連取引について，生産用部品の販売取引と当該生産用部品に係る製造ノウハウの使用許諾取引等が一体として行われており，独立企業間価格についても一体として算定することが合理的であると認められる場合

つまり，会社にとっては，一定の製品群ごとに利益を管理したり，一定の事業ごとに利益を管理することが一般的と考えられます。そして，移転価格税制上の取引価格が独立企業間かどうか検討を始める際には，まず，棚卸資産や役務の「値決め」が，どの範囲までの商品群や組織体の損益管理において行われているのか，あるいは，どの範囲までの商品群や組織体の損益が値決めに影響を与えているのかといったことを分析する必要が出てくるわけです。このことは，今後たびたび出てくることになる「取引当事者間の機能やリスク」といったことを考えていく上でも大変重要な点です。

独立企業間価格の算定方法を適用する上で，第1のハードルはこの辺りにあろうかと思われます。

4　独立企業間価格の算定方法はどのように選択するのか

独立企業間価格を算定するための検討方法がイメージできたところで，これまで説明した独立企業間価格の算定方法を実際にどのように適用するのかについて，まず，租税特別措置法の規定を見ていきます。

> 租税特別措置法66条の4（国外関連者との取引に係る課税の特例）第2項
> 　前項に規定する独立企業間価格とは，国外関連取引が次の各号に掲げる取引のいずれに該当するかに応じ当該各号に定める方法のうち，当該国外

関連取引の内容及び当該国外関連取引の当事者が果たす機能その他の事情を勘案して，当該国外関連取引が独立の事業者の間で通常の取引の条件に従って行われるとした場合に当該国外関連取引につき支払われるべき対価の額を算定するための最も適切な方法により算定した金額をいう。
一，二　省略

　これは，第1章2で独立企業間価格を説明する際に引き合いに出した条文ですが，今回は別のところに網かけがしてあります。ここでのポイントは次の点です。

> 独立企業間価格の算定方法は，国外関連取引の内容及び国外関連取引の当事者が果たす機能その他の事情を勘案し，①で示した各算定方法のうち，もっとも適切な方法を選択すること

これについては，次のような解釈通達があります。

> **租税特別措置法関係通達66の4⑵－1（最も適切な算定方法の選定に当たって留意すべき事項）**
> 　措置法第66条の4第2項に規定する「最も適切な方法」の選定に当たり，同項の「当該国外関連取引の内容及び当該国外関連取引の当事者が果たす機能その他の事情を勘案して」とは，国外関連取引（括弧内省略）及び非関連取引（括弧内省略）に係る66の4⑶－3に掲げる諸要素並びに次に掲げる点を勘案することをいうのであるから留意する。
> ⑴　独立企業間価格（括弧内省略）の算定における同条第2項各号に掲げる方法（以下「独立企業間価格の算定方法」という。）の長所及び短所
> ⑵　国外関連取引の内容及び当該国外関連取引の当事者が果たす機能等に対する独立企業間価格の算定方法の適合性
> ⑶　独立企業間価格の算定方法を適用するために必要な情報の入手可能性
> ⑷　国外関連取引と非関連者間取引との類似性の程度（当該非関連者間取

> 引について,措置法規則第22条の10第1項第2号ホに規定する差異調整等を行う必要がある場合には,当該差異調整等に係る信頼性を含む。)

　この通達を読んでわかる人は,第2章のここより後の部分を読む必要はありません。つまり,この通達は,移転価格税制自体をよくわかっている人でないとわからないように書いてあります。
　そこで,独立企業間価格の算定方法の選択に係る取扱いについては,一連の算定方法の説明を終えたところで再度取り上げて説明します。ここでは,「租税特別措置法上で多くの独立企業間価格の算定方法が規定されているが,最終的には最適な方法をひとつ選んで適用することになる」といった程度の理解に留めておきたいと思います。

5　独立企業間かどうかはどのように検討するのか

　最後に,国外関連取引における価格や利益が独立企業間かどうかをどのように検討するのかについて説明します。
　一言でいうと「比較対象となる独立企業間の取引を見つける」ということです。租税特別措置法関係通達では,独立企業間価格の算定の基礎となる独立企業間の取引を「比較対象取引」と言い換えた上で,その選定に当たって検討すべき事項を次のように示しています。

> 租税特別措置法関係通達66の4(3)-3（比較対象取引の選定に当たって検討すべき諸要素等）
> 　措置法第66条の4の規定の適用上,比較対象取引に該当するか否かにつき国外関連取引と非関連者間取引との類似性の程度を判断する場合には,例えば,法人,国外関連者及び非関連者の事業の内容等並びに次に掲げる諸要素の類似性を勘案することに留意する。
> (1)　棚卸資産の種類,役務の内容等

(2) 売手又は買手の果たす機能
(3) 契約条件
(4) 市場の状況
(5) 売手又は買手の事業戦略
(注) 1　(2)の売手又は買手の果たす機能の類似性については，売手又は買手の負担するリスク，売手又は買手の使用する無形資産（著作権，基本通達20－1－21に定める工業所有権等のほか，顧客リスト，販売網等の重要な価値のあるものをいう。以下同じ。）等も考慮して判断する。
　　 2　(4)の市場の状況の類似性については，取引段階（小売り又は卸売り，一次問屋又は二次問屋等の別をいう。），取引規模，取引時期，政府の政策（法令，行政処分，行政指導その他の行政上の行為による価格に対する規制，金利に対する規制，使用料等の支払に対する規制，補助金の交付，ダンピングを防止するための課税，外国為替の管理等の政策をいう。）の影響等も考慮して判断する。
　　 3　(5)の売手の事業戦略の類似性については，売手又は買手の市場への参入時期等も考慮して判断する。

　比較対象となるためには，国外関連取引と似ている取引でなければなりません。理想的には，実際の国外関連取引に対して，その当事者だけを非関連者どうしに置き換えたような取引であることが必要です。この通達は，どのような項目を検討すれば，そのような取引に近づくことができるか示している意味で重要な通達と言えます。また，この通達で掲げられている検討項目は例示にすぎませんので，これ以外にも取引価格に影響があるというものがあれば検討項目に入ってきます。
　なお，紙面の関係で示すことはできませんが，この通達で掲げている5つの要素は，移転価格ガイドラインにおいても「比較可能性を決定する諸要素（第1章D.1.2)」として掲げられています。

上記の「売手又は買手の果たす機能」というのは，例えば，研究開発，マーケティング及びアフターサービスといった機能を思い浮かべるとイメージしやすいと思います。また，「機能」という言葉には「リスク」も含まれることが上記通達の注書きで明らかにされています。つまり，当事者間でどのようなリスクを負っているのかということです。リスクにも様々なものがあり，例えば，製造物責任に関するリスク，研究開発に失敗するリスク，貸倒れ等の信用リスクなどがイメージできると思います。リスクと機能とは表裏一体の関係にあり，「リスクを負っている」ということは反面「機能を有している」とも言えるわけです。

　また，「売手又は買手の事業戦略」というのもわかりにくいかもしれません。注書きでそのヒントが書かれていますが，例えば，ある市場に進出するに当たり，当初は赤字覚悟で市場参入することはよくあるケースでしょうし，その場合に多額の広告宣伝や販売活動に関する費用が計上されることがあります。このように，市場の参入時期によってその取引に係る戦略が大きく損益に影響することがあります。もし，比較対象取引の候補となる取引のうちそのような状況にある取引があるのであればその取引を除外するなど，事業戦略をも考慮に入れて比較対象取引との類似性を判断しましょうということです。

　この「比較対象取引」の選定は，移転価格税制における第2のハードルです。このハードルは，第1のハードルである「自分達の取引を正確に分析すること」を怠ると越えることができません。その意味では，第1のハードルと第2のハードルは密接不可分の関係にあるといえます。そして，この2つのハードルを越えることが移転価格税制を適用するに当たっての労力の大部分を占めることになります。なお，移転価格課税を巡る課税庁との争いも全てこの2つのハードルに関する問題です。

　このテーマは何やら抽象的でよくわからないというのが読まれた方の実感かもしれません。そこで，これからひとつひとつの算定方法を説明していくことで少しずつ解きほぐしていきたいと考えています。

2　独立価格比準法

1　条文の規定

　ここでは，独立企業間価格の算定方法のうち，「独立価格比準法」を取り上げます。英語では，Comparable Uncontrolled Price Methodといい，略してCUP法（カップ法）と呼ばれている方法です。

　まず，条文の規定から見ていきましょう。

> 租税特別措置法66条の4（国外関連者との取引に係る課税の特例）第2項1号イ
> 　独立価格比準法（特殊の関係にない売手と買手が，国外関連取引に係る棚卸資産と同種の棚卸資産を当該国外関連取引と取引段階，取引数量その他が同様の状況の下で売買した取引の対価の額（当該同種の棚卸資産を当該国外関連取引と取引段階，取引数量その他に差異のある状況の下で売買した取引がある場合において，その差異により生じる対価の額の差を調整できるときは，その調整を行った後の対価の額を含む。）に相当する金額をもって当該国外関連取引の対価の額とする方法をいう。）

　1で説明しましたが，この方法は，価格自体が独立企業間価格かどうかを検討する方法です（図表2-6）。そのために，指標となる独立企業間における取引を見つけて，その取引に付されている価格に相当する金額をもって独立企業間価格とするのがこの方法です。左の条文の網掛け部分はそのことが書いて

あります。この方法は，他の方法に比べ，最もシンプルでわかりやすい方法です。

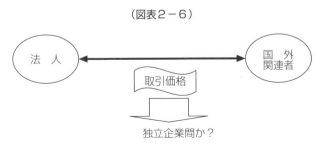

(図表2−6)

しかし，そのことと適用しやすいかどうかは別問題です。

OECDガイドラインでは，「比較可能な独立企業間取引を見出すことができる場合には，CUP法は独立企業原則を適用するための最も直接的かつ信頼のおける方法である」と述べ，次の2つの条件のうち1つを満たす場合には，CUP法の適用上，独立企業間取引は関連者間取引（国外関連取引）との比較が可能であるとしています（第2章「移転価格算定方法」第2部「伝統的取引基準法」2.14）。

　ア　比較される取引間又はそれらの取引を行う企業間のいかなる差異（仮にあっても）も，自由市場における価格に重大な影響を与えない。
　イ　そのような差異の重大な影響を排除するために，相当程度正確な調整を行うことができる。

実際に，独立企業間の取引で，取引内容及び取引当事者である法人について国外関連取引と差異がないものが存在するケースは稀ではないかと思います。また，差異が価格に重大な影響を与えるかどうかを客観的に判断するのも実務的にはかなりハードルが高い問題です。結局のところ，常識的に見て埋めがたい差異がある場合には，指標となる独立企業間の取引とはならないということになるでしょうし，常識的に相当程度類似しているということであれば，調整できる差異について調整し，残りの差異は価格に重大な影響を与えるものではないとして割り切るのが現実ではないかと思われます。

上の条文では，指標となる独立企業間の取引を見つけるに際し，次の3つのポイントを明らかにしています。なお，指標となる独立企業間の取引のことを今後は「比較対象取引」ということにします。

> ① 比較対象取引の売手と買手とは特殊の関係にはないこと
> ② 国外関連取引と同種の棚卸資産の取引であること
> ③ 国外関連取引と取引段階，取引数量その他が同様の状況の下でなされた取引であること

以下，それぞれについて説明します。

2 比較対象取引の売手と買手との関係

比較対象取引の売手と買手とは特殊の関係にないことがまず求められます。ここでいう特殊の関係とは，「第1章2⑦ 国外関連者」の説明で出てきましたが，要するに，売手と買手が国外関連者となってしまうような，50％以上の持株関係にあったり，実質的に支配するような関係ではないということを意味します。あまりに当たり前のことかもしれませんが大事な点のひとつです。

国外関連取引が図表2-6だとすると，比較対象取引としてまず頭に浮かぶのは，図表2-7-Aのような取引ではないでしょうか。このような比較対象取引は外部コンパラ（コンパラブルの略）などと呼ばれることがあります。ここでは，このような取引を「外部の比較対象取引」ということにします。

これに対して，図表2-7-Bや図表2-7-Cのような取引はどうでしょうか。これも売手と買手とは特殊の関係にはないということがわかります。したがって，このような取引も比較対象取引となり得ます。通常このような関係にある比較対象取引は「内部コンパラ」などと呼ばれますが，ここでは「内部の比較対象取引」ということにします。

さて，ここで3つの比較対象取引を説明しましたが，見つけやすい順に並べるとしたらどうなるでしょうか。

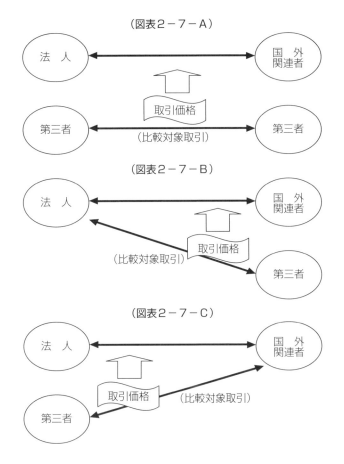

　答えは，B→C→Aということになります。これはすぐにわかると思います。自社が国外関連取引と同種の棚卸資産を特殊の関係にない者との間でも取引しているのであれば，自社の中の資料を見るだけで比較対象取引の抽出が可能となります。次に，自社にそのような取引がなくても，国外関連者側に同種の棚卸資産の取引があれば，支配関係の立場にもよりますが，比較的情報を得ることが容易であると考えられます。しかし，外部の第三者間で行われている取引について，同種の棚卸資産と言えるのか，また，いくらで取引されているのかといった情報を得るのは容易くはありません。噂は聞いても客観的に証拠だて

ておく（ドキュメンテーションは第3章で説明します）ことはとても無理なのではないでしょうか。したがって，この方法は，内部の比較対象取引が見つけられる場合に適用しやすい方法であると言えます。

3 同種の棚卸資産とは何か

2つ目のポイントとして，比較対象取引の対象となる棚卸資産は，国外関連取引の対象となっている棚卸資産と「同種」であることが求められます。この場合の「同種」の意味については，通達で次のように示されています。

> 租税特別措置法関係通達66の4(3)－2（同種又は類似の棚卸資産の意義）
> 　措置法第66条の4第2項第1号イに規定する「同種の棚卸資産」又は措置法令第39条の12第6項，第7項並びに第8項第1号イ，同号ハ(1)及び第2号から第5号までに規定する「同種又は類似の棚卸資産」とは，国外関連取引に係る棚卸資産と性状，構造，機能等の面において同種又は類似である棚卸資産をいう。
> 　ただし，これらの一部について差異がある場合であっても，その差異が措置法第66条の4第2項第1号イに規定する対価の額若しくは同号ロ及びハに規定する通常の利益率の算定又は措置法令第39条の12第8項第1号イ，同号ハ(1)及び第2号から第5号までに規定する割合の算定に影響を与えないと認められるときは，同種又は類似の棚卸資産として取扱うことができる。

この通達からも明らかなとおり，「同種」であるためには，少なくとも性状，構造，機能といった物理的な特性が同一又は相当程度に類似性が認められる必要があります。例えば，自動車のような製品を考えてみると，少なくとも形，排気量，機能等が相当程度類似している必要があるわけです。また，比較対象取引を外部の第三者間の取引に求めた場合には，意匠（ブランド）の違いも価格に重大な影響を与えているのは感覚的に理解できます。

したがって，棚卸資産の同種性の観点から見た場合についても，法人が同一の商品を国外関連者だけでなく第三者とも取引しているような内部の比較対象取引がある場合に適用しやすい方法であることがわかります。そうでなければ，例えば一次産品のように棚卸資産の個別性が薄く，業者間での取引価格について一定の相場があるもの（一次産品といえども日本のお米のように様々なブランドがある場合これらをどう考えるかは検討を要します）でないとなかなか適用しにくい方法と言えます。

　なお，独立価格比準法については，過去に課税を巡って争われた事件があります。これは，造船業を営む原告が国外関連者に対する船舶の輸出取引について，類似の船舶を非関連者に対しても取引していたことから，課税庁が独立価格比準法を用いて独立企業間価格を算定し課税したことに対して，独立価格比準法の適否を巡って争われ，結果として課税庁が勝訴した事件です（平成16年4月14日松山地判，平成18年10月13日高松高判，平成19年4月10日最高裁不受理決定）。この中で，原告である会社は，船舶建造請負取引は個別性が強く，国外関連者に対して建造する船舶と非関連者に対して建造する船舶とでは建造原価，販売費及び一般管理費を含む総原価（全部原価）の多寡に大きな差異があるのに，これを捨象して，独立価格比準法により比較対象となる船価を独立企業間価格とするのは不当であると主張しましたが，裁判所は，「同種の棚卸資産か否かは，国際的な船価相場の区分に従い対象船舶の性状，構造，機能等の物理的・化学的要因に着目して判断すべきであり，これに加えて販売管理費，一般管理費等，各取引相手方ごとに変動する要素を考慮することは本来予定されていないものと言わざるを得ない。」として，会社側の主張を斥けています。

　もっとも，法人が主張するように，国外関連取引と内部の比較対象取引との間で当事者間の機能の違いが価格に影響を与えることは大いに考えられます。多くの場合，その違いは販売費，一般管理費に表れてくるのではないかと思われます。OECDガイドラインでも「関連者間取引と独立企業間取引とが比較可能であるか否かの検討に当たっては，単に製品の比較可能性だけでなく，より広い事業における機能が価格に与える影響に注意がはらわれるべきである」

(第2章「移転価格算定方法」第2部「伝統的取引基準法」2.14)と述べています。この点は,棚卸資産の同種性の問題ではなく,次に述べる取引状況の類似性の問題として検討すべき問題であると考えられます。

4 差異の調整

3つ目のポイントとして,国外関連取引と取引段階,取引数量その他が同様の状況の下でなされた取引であることが求められます。1で示した条文の括弧書きでは,取引段階,取引数量その他に差異がある場合にその差異により生じる対価の額の差を調整できるときは,調整を行った上で,「同様の状況の下でなされた取引」を導き出すことを示しています。このことを解釈通達では次のように確認的にその考え方を示しています。

> 租税特別措置法関係通達66の4(3)－1　(比較対象取引の意義)
> 　独立企業間価格の算定の基礎となる取引(以下「比較対象取引」という。)は,国外関連取引との類似性の程度が十分な非関連者間取引をいうのであるから,例えば,措置法第66条の4第2項第1号に規定する棚卸資産の販売又は購入の場合にあっては,次に掲げる独立企業間価格の算定方法の区分に応じ,それぞれ次に掲げる取引となることに留意する。
> (1)　措置法第66条の4第2項第1号イに掲げる方法(以下「独立価格比準法」という。)
> 　　国外関連取引に係る棚卸資産と同種の棚卸資産を当該国外関連取引と同様の状況の下で売買した取引(当該取引と国外関連取引とにおいて取引段階,取引数量その他に差異のある状況の下で売買した場合には,その差異により生じる同号イに規定する対価の額の差を調整することができるものに限る。)
> (2)〜(9)　省略

つまり,国外関連取引と比較対象候補の取引とで取引条件等に差異があり,

それが調整できるものでなければ，そもそも比較対象取引とはなり得ないことになるわけです。

では，具体的にどのように差異を調整するのでしょうか。それは，次に掲げる事務運営要領が参考になります。

移転価格事務運営要領4－3（差異の調整方法）

　　国外関連取引と，比較対象取引又は措置法通達66の4(3)－1(5)に掲げる取引との差異について調整を行う場合には，例えば次に掲げる場合に応じ，それぞれ次に定める方法により行うことができることに留意する。

　　なお，差異の調整は，その差異が措置法第66条の4第2項第1号イに規定する対価の額若しくは同号ロ及びハに規定する通常の利益率の算定又は措置法施行令第39条の12第8項第2号から第5号までに規定する割合の算定に影響を及ぼすことが客観的に明らかである場合に行うことに留意する（措置法第66条の4第2項第2号の規定の適用において同じ。）。

(1)　貿易条件について，一方の取引がFOB（本船渡し）であり，他方の取引がCIF（運賃，保険料込み渡し）である場合　比較対象取引の対価の額に運賃及び保険料相当額を加減算する方法

(2)　決済条件における手形一覧後の期間について，国外関連取引と比較対象取引に差異がある場合　手形一覧から決算までの期間の差に係る金利相当額を比較対象取引の対価の額に加減算する方法

(3)　比較対象取引に係る契約条件に取引数量に応じた値引き，割戻し等がある場合　国外関連取引の取引数量を比較対象取引の値引き，割戻し等の条件に当てはめた場合における比較対象取引の対価の額を用いる方法

(4)　機能又はリスクに係る差異があり，その機能又はリスクの程度を国外関連取引及び比較対象取引の当事者が当該機能又はリスクに関し支払った費用の額により測定できると認められる場合　当該費用の額が当該国外関連取引及び比較対象取引に係る売上又は売上原価に占める割合を用いて調整する方法

上の通達の(1)のように，例えば，貿易条件について国外関連取引がCIF（運賃保険料込み渡し）であるのに対し，比較対象取引がFOBである場合（**図表２－８**）には，比較対象取引の対価の額に運賃及び保険料相当額を加算する調整を行うことで，比較対象取引をCIF価格とすることが可能となります。

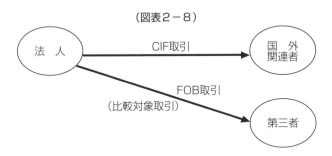

（図表２－８）

　また，(2)は，国税庁が公表している事例に具体的な計算例（事例９）が示されています。**図表２－９**のような内部の比較対象取引の例で，製品Ａの販売取引について国外関連者との取引では決済サイトが30日であるのに対し，比較対象取引であるＴ社との取引では決済サイトが90日である場合の調整です。ユーザンス金利（仕入猶予期間に対する適用金利）が５％である場合，次の算式により計算することで，比較対象取引の価格を国外関連取引での30日サイトに基づく価格に引き直すことができます。

$$\text{Ｔ社仕入価格} \div \{1 + 0.05 \times (90日／365日)\} \times \{1 + 0.05 \times (30日／365日)\}$$

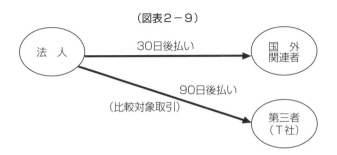

（図表２－９）

(3)は，取引数量に応じた値引きや割戻しがあるケースです。例えば，製品Xについて国外関連者に対する取引が20万個ある場合に，国外関連取引では10万個につき5％の値引きをしている場合（図表2－10），国外関連取引についても10万個につき5％の値引きがあるものとして比較対象取引の対価の額を基に調整することになります。

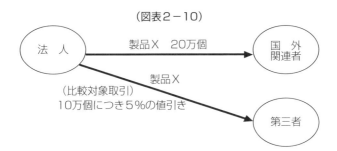

(図表2－10)

(4)の機能とリスクに係る差異については，次回以降に説明します。

以上，差異の調整は，比較対象取引に調整を加え，国外関連取引と同様の取引条件に引き直すことで独立企業間価格を算定するのが原則です。

なお，上に掲げた事務運営要領の規定は，差異の調整として主なもののみを例示していますが，その他の差異としては次のようなものが考えられます。

○ 取引段階

例えば，製品Xの販売について国外関連取引では二次卸，比較対象取引では一次卸といった場合が考えられます。その場合，比較対象取引が二次卸に販売している価格等を参考にして調整していくことが考えられますが，国外関連取引と比較対象取引とで機能が異なる相手と取引することが価格にどのように影響するか詳細に分析して差異が調整可能かどうか見極める必要があります。

○ 取引時期

例えば，相場がある棚卸資産の場合には，取引時期によって価格が異なるのは容易にわかりますし，市場に製品を投入したばかりの商品とすでにある類似の商品（例えば，医薬品などをイメージするとわかりやすいかもしれません）とでは，価格に大きな開きが出てもおかしくありません。それが，特許等の無

形資産が大きく影響しているのであれば，そもそも独立価格比準法が適切かどうかの検討も必要です。

○ 取引市場や地理的条件

例えば，国外関連取引がある欧米の市場と比較対象取引があるアジアの市場とでは，同じ製品Xの取引であっても，取引の自由度に差があったり，経済的に格差があったりします。基本的には同一の市場で比較対象取引を求めることが原則であり，市場が相違した場合にはその調整はかなり困難であることは認識すべきと思われます。

その他，1⑤で引用した措置法関係通達66の4(3)-3では，比較対象取引の選定に当たって検討すべき諸要素が示されており，それらの全てが差異の調整を必要とする項目となる可能性があります。

5 差異の調整に関する留意点

最後に，どこまで差異の調整を行わなければならないのかということに関して説明します。

率直にいって，国外関連取引と比較対象取引とで取引の状況が全く同一であることは，極めて稀です。これまで示した例のように，比較的明確な差異もあれば，価格にどの程度影響を与えているのかわからない差異もあります。

④で引用した国税庁の事例では，次のように説明しています。

> 差異調整は，比較対象取引候補として選定された非関連者間取引について，比較対象取引としても合理性を確保するために行われるものであるから，調整の対象となる差異は，対価に「影響を及ぼすことが客観的に明らか」である場合に行うもので（事務運営指針3-3なお書き），「対価の額の差」を生じさせ得るものすべてを対象とするものではない。

つまり，比較対象取引候補の価格についてどの程度影響を与えているかわからない差異は，調整する必要はないというわけです。この考え方は，冒頭で，「常識的に相当程度類似しているということであれば，調整できる差異について調整し，残りの差異は価格に重大な影響を与えるものではないとして割り切るのが現実ではないか」と記述したことと符合します。

　しかし，見方を変えるとそのような差異は，そもそも調整できないわけですから，仮にその差異が価格に重大な影響を与えているとすると，その取引は比較対象取引とはなり得ないことになります。したがって，差異の調整項目について割り切るということは，他方，その取引が比較対象取引となり得るのかといった根本的な疑問を生じさせることにもつながるわけです。どの差異が価格に重大な影響を与えているのかという点については，比較可能性という観点から課税庁との間で常に争点となる問題です。

　差異の調整については，独立企業間価格の算定方法を説明していく上で，この後でも必要に応じて言及していくつもりです。

3 原価基準法

1 条文の規定

　ここでは，独立企業間価格の算定方法のうち，「原価基準法」を取り上げます。英語では，Cost Plus Method といい，略して CP 法と呼ばれている方法です。

　まず，条文の規定から見ていきましょう。

> 租税特別措置法66条の4（国外関連者との取引に係る課税の特例）第2項第1号ハ
>   原価基準法（国外関連取引に係る棚卸資産の売手の購入，製造その他の行為による取得の原価の額に通常の利潤の額（当該原価の額に政令で定める通常の利益率を乗じて計算した金額をいう。）を加算して計算した金額をもって当該国外関連取引の対価の額とする方法をいう。）
>
> 租税特別措置法施行令39条の12（国外関連者との取引に係る課税の特例）第7項
>   法第66条の4第2項第1号ハに規定する政令で定める通常の利益率は，国外関連取引に係る棚卸資産と同種又は類似の棚卸資産を，購入（非関連者からの購入に限る。）製造その他の行為により取得した者（以下この項及び次項第3号において「販売者」という。）が当該同種又は類似の棚卸

> 資産を非関連者に対して販売した取引(以下この項において「比較対象取引」という。)に係る当該販売者の売上総利益の額(当該比較対象取引に係る棚卸資産の販売による収入金額の合計額から当該比較対象取引に係る棚卸資産の原価の額の合計額を控除した金額をいう。)の当該原価の額の合計額に対する割合とする。ただし,比較対象取引と当該国外関連取引とが売手の果たす機能その他において差異がある場合には,その差異により生ずる割合の差につき必要な調整を加えた後の割合とする。

この方法は,2で説明した独立価格基準法のように価格そのものが独立企業間価格であるかどうかを検討する方法ではなく,原価に上乗せされる利益(利潤の額)が独立企業間かどうか(通常の利潤の額かどうか)を検討する方法です(図表2-11)。

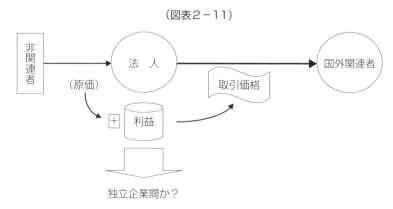

(図表2-11)

図表2-11のとおり,この方法は取引の「売手」に着目した方法であると言えます。つまり,売手から見た取引価格とは,売手の原価に利益が乗っている状態のものをいうわけですから,利益が独立企業間の水準であれば,その価格は独立企業間価格であると言えるわけです。かかったコストに利益を乗せるという考え方は,取引を行う上での価格決定の一般的な発想とも言えるので,この方法は比較的理解しやすいのではないでしょうか。

しかし,鋭い方は次のような疑問を持たれるかもしれません。

「いくら利益が独立企業間の水準だとしても，原価が，例えば，原材料を専らグループ企業から調達しているとすると結局は独立企業間価格とは言えないのではないか？」

そのとおりです。そこで，通達では，上の条文（措法66の4②一ハ）に規定する「原価の額」について次のような解釈を示しています。

> **租税特別措置法関係通達66の4(4)-6　（原価基準法における取得原価の額）**
> 　原価基準法により独立企業間価格を算定する場合において，国外関連取引に係る棚卸資産をその売手が，例えば特殊の関係にある者から通常の取引価格に満たない価格で購入しているためその購入価格をその算定の基礎とすることが相当でないと認められるときは，その購入価格を通常の取引価格に引き直して当該国外関連取引に係る独立企業間価格を算定するものとする。
> （注）　この取扱いを適用する場合の「通常の取引価格」は，独立企業間価格の算定方法に準じて計算する。

つまり，グループ企業から仕入れている場合にその価格が時価でないために原価の額が不適切であると認められる場合には，時価に引き直して原価の額を計算する必要があるわけです。例えば，課税庁の人が編著となっている「法人税関係　措置法通達逐条解説（平成26年3月1日現在版）（財経詳報社）」では次のような例を示しています（図表2-12）。

（図表2-12）

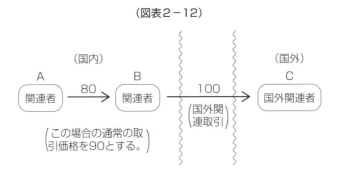

この取引図で，B社の通常の利益率を25％とし，Aからの購入価格が80であるとして原価を計算すると，独立企業間価格は100（80＋80×25％）となり形式的には移転価格税制上問題は生じないことになります。しかし，B社の取得原価を通常の取引価格である90に引き直して計算すると独立企業間価格は112.5（90＋90×25％）となり，国外関連取引100と比較して12.5の所得移転があるとしています。また，この設例でいくと，逆にAから高価買入をしている場合には，通常の利益率を25％とすると所得移転額が多く算定されてしまうので，やはり引き直し計算が必要になります。また，上の通達の注書きに関して，逐条解説では，「この通達は，国内取引（AとBとの取引）に移転価格税制を適用するという意味ではない」としています。ただし，国内取引で時価ではないとされると税務調査等でAの贈与（寄附金）の認定に発展していく可能性は否定できないのではないかと思われます。

　もっとも，製造業を想定すると，通常，材料等の調達は多数の業者を通じて行われているでしょうし，例えば，大手メーカーと下請との関係でいえば，下請先がグループ会社であろうとなかろうと，もともとコストぎりぎりまで調達価格が抑えられているのが現状とも言えますので，大手メーカーが行う国外関連取引についてこの通達が適用されることはあまりないかもしれません。

　少し横道に逸れましたが，冒頭の条文に戻ると，原価基準法には次の3つのポイントがあることがわかります。

> ① 通常の利潤の額かどうかは，国外関連取引の原価の合計額に占める売上総利益の割合が「通常の利益率」であるかどうかで判断する。
> ② 「通常の利益率」は，国外関連取引と同種又は類似の棚卸資産の売手が非関連者に対して販売した取引を比較対象取引として，その売手の原価の額の合計額に占める売上総利益の額の割合として計算する。
> ③ 比較対象取引と国外関連取引とで，売手の果たす機能その他に差異がある場合には調整する。

以下，それぞれについて説明します。

2 通常の利益率の計算方法

①で少し触れましたが，通常の利潤の額は次の算式で計算されます。

> 通常の利潤の額＝取得原価(製造原価)×通常の利益率

つまり，国外関連取引が独立企業間価格で行われているかどうかは国外関連取引における利益率が「通常の利益率」であるかどうかで判断するのがこのアプローチです。

この場合，通常の利益率は次の算式で計算されます。

$$通常の利益率 = \frac{比較対象取引の売上総利益}{比較対象取引の取得原価又は製造原価}$$

比較対象取引とは，①で掲げた条文にあるとおり，国外関連取引における棚卸資産と同種又は類似の棚卸資産を取得又は製造等した売手が非関連者に販売する取引をいいます。

例えば，比較対象取引に係る売手の原価が100とします。ここで注意したいのは，売手の原価のうち，購入については，非関連者からの購入に限られている点です（①で示した政令規定の＿＿＿部分）。したがって，原価が関連者との取引から構成されている場合には，比較対象取引とはなり得ないことになります。次に売手の販売価格を150とします。そうすると通常の利益率は次のとおりとなります（差異調整の問題はここでは捨象します）。

$$通常の利益率 = \frac{150 - 100}{100} \cdots\cdots (50\%)$$

一方，国外関連取引に係る売手の原価が80（ここで，関連者からの取得等が含まれていて適正な原価とは言えない場合には，①で説明した引き直し計算が必要となります）で国外関連者に100で売却しているとすると国外関連取引に係る利益率は次のとおりとなります。

$$国外関連取引 = \frac{100-80}{80} \cdots\cdots (25\%)$$

したがって，この例では，国外関連者の利益率が明らかに比較対象取引の利益率よりも低いので，国外関連取引が輸出取引であるとすると「国外関連取引における利益率は通常の利益率よりも低い⇒移転価格税制上問題ある取引だ」ということになるわけです。

そこで，どれだけ所得移転額があるかを計算します。国外関連取引の原価は80なので，次の算式で国外関連取引を通常の利益率で取引した場合の取引金額を計算します。

　　80 + 80 × 50％ = 120

結論として，120 − 100 = 20が所得移転額となります。

また，実際には，一定の棚卸商品を継続的に取引しているケースがほとんどなので，季節商品のように特定の期間で利益率が大きく変わるといった特殊性がない限り，会計期間（通常は事業年度）ごとの原価や売上高を基に計算します（**図表２−13**）。したがって，上で計算された120というのは通常の利益率で取引した場合の年間の取引金額ということになり，これが事実上，独立企業

（図表２−13）

国外関連取引の状況

　　製品Aの年間売上高　100
　　製品Aの原価の合計　 80

比較対象取引の状況

　　類似製品Bの年間売上高　150
　　類似製品Bの原価の合計　100

間価格となるわけです。つまり，2で説明した独立価格比準法のように「商品一個一個の値段が独立企業間価格であるかどうか」だけではなく，この原価基準法をはじめ，今後説明する算定方法の多くが「特定の商品を一定期間取引した売上高が独立企業間価格であるかどうか」という一定期間を束ねた価格の概念である点に留意する必要があります。

3 比較対象取引

原価基準法における比較対象取引を理解するには，売手と買手との関係を整理しておくことと，棚卸資産の同種又は類似の意味を理解することが重要です。そこで，以下それぞれについて説明します。

(1) 比較対象取引の売手と買手の関係

比較対象取引の売手と買手とは特殊の関係にないことが必要であることは，これまでも説明してきたのでここでは特に説明は要しないと思います。

原価基準法における比較対象取引の考え方として次の通達があります。

> 租税特別措置法関係通達66の4(3)-1 （比較対象取引の意義）
>   独立企業間価格の算定の基礎となる取引（以下「比較対象取引」という。）は，国外関連取引との類似性の程度が十分な非関連者間取引をいうのであるから，例えば，措置法第66条の4第2項第1号に規定する棚卸資産の販売又は購入の場合にあっては，次に掲げる独立企業間価格の算定方法の区分に応じ，それぞれ次に掲げる取引となることに留意する。
> (1)(2) 省略
> (3) 措置法第66条の4第2項第1号ハに掲げる方法（以下「原価基準法」という。） 国外関連取引に係る棚卸資産と同種又は類似の棚卸資産を購入（非関連者からの購入に限る。），製造その他の行為により取得した者が当該同種又は類似の棚卸資産を非関連者に対して販売した取引（当

該取引と国外関連取引とにおいて売手の果たす機能その他に差異がある場合には，その差異により生じる措置法令第39条の12第7項に規定する割合の差につき必要な調整を加えることができるものに限る。)

　この通達の網かけ部分は，①で掲げた政令規定における通常の利益率を計算する際の基となる取引をそのまま記載しているものです。おおざっぱにいうと，国外関連取引における棚卸資産と同種又は類似の棚卸資産について非関連者に販売する取引が比較対象取引ということになります。この場合，どちらが内国法人としての立場かは問いませんので，売手が内国法人としての立場である場合と，買手が内国法人としての立場である場合との両方が考えられます。

　そこで，国外関連取引を輸出と輸入の2つのケースで考えます。

　まず，内国法人が国外関連者に輸出する取引に対して，原価基準法を用いて検討を行うとすると，比較対象取引は，同種又は類似の棚卸資産の内国法人から同一市場の非関連の海外法人に輸出する取引が考えられます（**図表2－14**）。

(図表2－14)

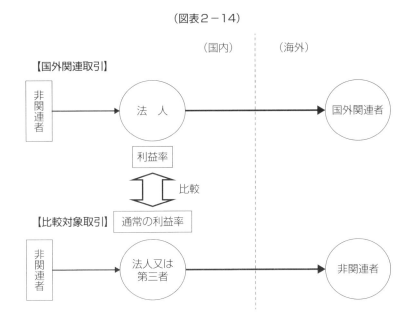

3　原価基準法　83

この場合に必要となる情報は，比較対象取引における棚卸資産が同種又は類似であるかどうかという点とその棚卸資産の売上金額と原価の額です。**図表2－14**のとおり，比較対象取引の売手は日本にありますから，国内でこれらの情報を収集することになります。

一方，内国法人が国外関連者から輸入する取引に対して，原価基準法による検討を行おうとすると，比較対象取引は，同種又は類似の棚卸資産の内国法人の海外法人からの輸入取引が考えられます（**図表2－15**）。この場合に必要となる情報は，先程と同様に棚卸資産が同種又は類似であるかどうかという点と比較対象取引の売手の売上金額と原価の額です。売上金額は内国法人の仕入の金額でわかりますが，原価の額については海外からこれらの情報を収集しなければならないことになります。

したがって，情報収集の観点からすると，原価基準法は，輸出取引に適用しやすい方法であると言えます。

(図表2－15)

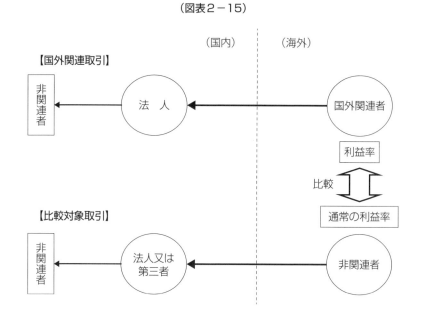

では次に,輸出取引の中で2つの比較対象取引を考えます。

(図表2-16)

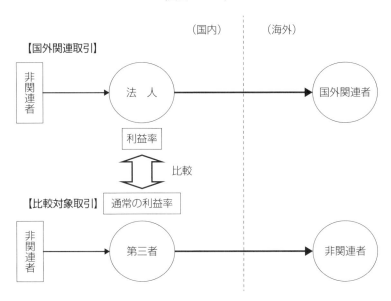

ひとつは,図表2-16のようなケースです。図表2-14とほとんど同じですが,比較対象取引の売手が「第三者」となっています。このように,比較対象取引を外部に求めた場合には,外部の同業者の棚卸商品の売上高と原価の額を知る必要があります。しかし,一般に棚卸商品の原価情報といったものは企業秘密に触れる部分もあり,国内にある企業であっても情報収集はなかなか困難ではないかと思われます。

では,図表2-17のようなケースはどうでしょうか。法人が同種又は類似の棚卸商品を国外関連者と非関連者の双方に輸出しているケースです。比較対象取引を企業内部に求めた場合には,売上に関する情報及び原価に関する情報ともに企業内部のデータを見ればわかります。特に双方の取引がともに同一の棚卸資産を扱っているのであれば,原価情報も共通なので極めて好都合です。

このように,原価基準法は,内国法人の輸出取引で同種又は類似の棚卸資産をその内国法人が非関連者に対しても取引しているようなケースに適用しやす

い方法であると言えます。

(図表2-17)

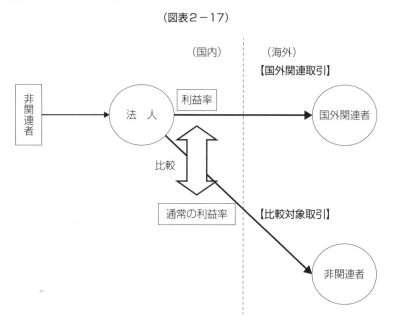

(2) 同種又は類似の意味

原価基準法における比較対象取引は，国外関連取引における棚卸資産と同種又は類似の棚卸資産の取引である必要があります。この場合の「同種又は類似」については，次の解釈通達があります。

租税特別措置法関係通達66の4(3)-2（同種又は類似の棚卸資産の意義）

措置法第66条の4第2項第1号イに規定する「同種の棚卸資産」又は措置法令第39条の12第6項，第7項並びに第8項第1号イ，同号ハ(1)及び第2号から第5号までに規定する「同種又は類似の棚卸資産」とは，国外関連取引に係る棚卸資産と性状，構造，機能等の面において同種又は類似である棚卸資産をいう。

ただし，これらの一部について差異がある場合であっても，その差異が

> 措置法第66条の４第２項第１号イに規定する対価の額若しくは同号ロ及びハに規定する通常の利益率の算定又は措置法令第39条の12第８項第１号イ，同号ハ(1)及び第２号から第５号までに規定する割合の算定に影響を与えないと認められるときは，同種又は類似の棚卸資産として取り扱うことができる。

　この通達は，２の独立価格比準法の説明で引用したものですが，独立価格比準法では「同種の棚卸資産」ということで，物理的な特性が同一か相当程度類似していることが必要であると説明しました。原価基準法の場合には，「同種又は類似」ということで独立価格比準法よりもやや緩やかになっているようにも見えます。これは，独立価格比準法が国外関連取引と比較対象取引の「価格」自体を比較するのに対し，原価基準法は，一定期間にわたる類似取引の利益率から独立企業間価格を算定するものなので，類似性の判定において独立価格比準法におけるほどの厳密な類似性は求められていないことによります（昭和61年「改正税法のすべて」202ページ参照）。

　ただし，そうはいっても，差異があることで通常の利益率の算定に影響を与えるものについては，「類似の棚卸資産」としては取り扱わない旨が上記の通達で示されています。このあたりのさじ加減はなかなか難しいものがあります。実際に，性状，構造，機能等が類似していても型が違えば原価も異なるということはよくあります。

　以前，課税庁が電子機器などの接続に使用する端子やコネクターをまとめて原価基準法を用いて課税したことに対して，原告である会社が，原告の端子とコネクターは明らかに価格や原価が異なるのだから一緒にするのはおかしいと主張した事件がありました（平成20年７月１日大阪地判，平成22年１月27日大阪高判，納税者敗訴）。これに対し，裁判所は，国外関連取引と比較対象取引の販売契約（代理店契約）の内容，会社が管理していた「価格表」及び端子やコネクターの製造管理体制（原価を正確に振り分けることができるかといった観点）等を勘案すると，これらの製品はいずれも性状，構造，機能等の面から

みて「同種又は類似の棚卸資産」に該当すると判示しています。

つまり，類似とはいえ，同一の棚卸商品ではない以上，厳密にいえば原価が異なるのがむしろ普通のことかもしれませんが，上の判示からすると，原価基準法を適用するに当たっては，棚卸商品の物理的な類似性に加えて，法人が取引を一括して管理しているか，また，値決めや原価管理がどの程度束ねて行われているのかといった，組織管理上の検討をして判断することもあり得ることになります。この点，条文の解釈として物理的な類似性からの説明だけで通達が書かれていることにやや違和感があります。このことは，今後説明する各方法にも共通して言えることです。

4 差異の調整

①で掲げた条文では，通常の利益率を算定する際に，比較対象取引と国外関連取引とが売手の果たす機能その他において差異がある場合には，その差異により生ずる割合の差につき必要な調整を加えるべきことが規定されています。

前回の独立価格比準法で移転価格事務運営要領4－3や移転価格事務運営要領の別冊（事例集）の事例9を紹介し，貿易条件，決済条件，取引規模，取引段階，取引時期，取引市場等に係る差異の調整ついてはすでに言及したところです。したがって，これらの差異により売手の販売価格に差が生じ，結果として売上総利益率に差が生じる場合には，原則として比較対象取引における売上総利益率の計算において，分子の売上総利益の金額の調整等をして通常の利益率を計算することになります。

また，機能については，例えば，製造に関しては，次のような観点から差異の有無を確認することが考えられます。

① 材料を自ら調達しているか，また，在庫を保有するか
② 生産管理・品質管理を行っているか（どの程度行っているか）
③ 製造設備を自ら有しているか

上述の①は製造が加工・組立てといった作業のみを請け負っているのか，自

らの計算で製造しているのかといった違いに関係してきます。ここに差異があると，原価構造に埋めがたい差異が生じてくるので要注意です。また，②も利益率に大きな差が生じてくることが考えられます。③も同様です。つまり，これらの差異が認められる場合には，まず，「調整が可能か＝比較対象取引となり得るのか」ということをよく考えてみる必要があります。そのためにも内部の比較対象取引があることが望まれるわけです。なぜなら，内部の比較対象取引であれば，原価構造に上述のような大きな差異がない場合が多いからです。

なお，内部の比較対象取引がある場合によく問題になるのは，買手の違いです。つまり，国外関連取引は代理店機能を持つ国外関連者に販売しているのに対し，比較対象取引の候補となっている取引は直接ユーザーに対して販売しているといったケースです。原価基準法は法律では売手の差異についてのみ調整することとされているだけで，買手がどのような機能を有しているかは一義的には問いません。しかし，買手の立場の違いによって，例えば，売手にマーケティング活動における重要な機能が必要とされている場合とそうではない場合とが考えられます。これらの費用は主に販売費，一般管理費に計上されることから原価には直接影響してこないかもしれませんが，販売価格に大きな差が生じる可能性があります。取引条件の差異という観点からの調整も可能かもしれません。いずれにしても，機能等の違いによって販売費等に差異が生じる場合には，これらの差異が販売価格に与える影響を分析して通常の利益率を計算する必要があります。

機能に関する差異調整については，これからも度々出てきますので，少しずつ理解を深めていきたいと思います。

4 再販売価格基準法

1 条文の規定

　ここでは，独立企業間価格の算定方法のうち，「再販売価格基準法」を取り上げます。英語では，Resale Price Methodといい，略してRP法と呼ばれている方法です。

　まず，条文の規定から見ていきましょう。

> **租税特別措置法66条の4（国外関連者との取引に係る課税の特例）第2項第1号ロ**
> 　再販売価格基準法（国外関連取引に係る棚卸資産の買手が特殊の関係にない者に対して当該棚卸資産を販売した対価の額（以下この項において「再販売価格」という。）から通常の利潤の額（当該再販売価格に政令で定める通常の利益率を乗じて計算した金額をいう。）を控除して計算した金額をもって当該国外関連取引の対価の額とする方法をいう。）

> **租税特別措置法施行令39条の12（国外関連者との取引に係る課税の特例）第6項**
> 　法第66条の4第2項第1号ロに規定する政令で定める通常の利益率は，同条第1項に規定する国外関連取引（以下この条において「国外関連取引」という。）に係る棚卸資産と同種又は類似の棚卸資産を，特殊の関係

（法第66条の4第1項に規定する特殊の関係をいう。）にない者（以下第8項までにおいて「非関連者」という。）から購入した者（以下この項並びに第8項第2号及び第4号において「再販売者」という。）が当該同種又は類似の棚卸資産を非関連者に対して販売した取引（以下この項において「比較対象取引」という。）に係る当該再販売者の売上総利益の額（当該比較対象取引に係る棚卸資産の販売による収入金額の合計額から当該比較対象取引に係る棚卸資産の原価の額の合計額を控除した金額をいう。）の当該収入金額の合計額に対する割合とする。ただし，比較対象取引と当該国外関連取引に係る棚卸資産の買手が当該棚卸資産を非関連者に対して販売した取引とが売手の果たす機能その他において差異がある場合には，その差異により生ずる割合の差につき必要な調整を加えた後の割合とする。

　この方法は，第2章2で説明した独立価格基準法のように価格そのものが独立企業間価格であるかどうかを検討する方法ではなく，再販売者の売価から控除される利益（利潤の額）が独立企業間かどうか（通常の利潤の額かどうか）を検討する方法です（**図表2-18**参照）。利潤の額が独立企業間であれば，国外関連取引における棚卸資産の買手（**図表2-18**のB社）が非関連者に販売した価格から利潤の額を控除することで関連者（**図表2-18**のA社）から購

（図表2-18）

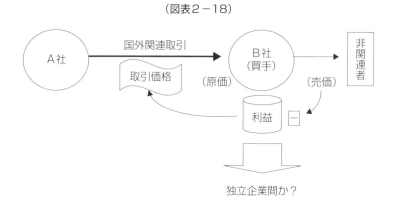

入した取引に係る独立企業間の取引価格が算定できます。

　条文の規定振りは，3で説明した「原価基準法」とよく似ています。違うところは，利潤の額が売手の原価に上乗せされる金額ではなく，買手の販売価格から控除される金額となっているところです。この場合，比較対象取引の買手を「再販売者」といいます。つまり，**図表2-19**のとおり，グループ間の国際取引の入口である売手に相当する法人の視点に立って，その法人の購入価格（原価）から取引価格を導くのが原価基準法であり，出口となる買手に相当する法人の視点に立って，その法人の販売価格（売価）から取引価格を導くのが再販売価格基準法ということになります。

(図表2-19)

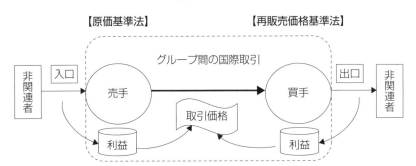

　なお，独立企業間価格を導くために，**図表2-19**のとおり，グループ間取引の出口にある買手が再販売する相手は必ず非関連者であることに留意する必要があります。この点，上に示した措置法の条文では，再販売価格基準法が国外関連取引に係る棚卸資産と同種又は類似の棚卸資産の買手が特殊の関係にない者に対して販売した対価の額を基準として独立企業間価格を算定する旨を明らかにしています。

　また，上に掲げた条文から，通常の利潤の額を導く際のポイントを抽出すると，次のとおり，3つあることがわかります。

> ① 通常の利潤の額かどうかは，国外関連取引の買手の販売に係る収入金額の合計額に占める売上総利益の割合が「通常の利益率」であるかどうかで判断する。
> ② 「通常の利益率」は，国外関連取引と同種又は類似の棚卸資産の買手が非関連者から購入した取引を比較対象取引として，その買手の販売に係る収入金額の合計額占める売上総利益の額の割合として計算する。
> ③ 比較対象取引と国外関連取引とで売手（再販売を行う買手）の果たす機能その他に差異がある場合には調整する。

以下，それぞれについて説明します。

2 通常の利益率の計算方法

1で記載したとおり，通常の利潤の額は次の算式で計算されます。

> 通常の利潤の額
>   ＝国外関連取引の買手が第三者に販売した価格×通常の利益率

つまり，国外関連取引が独立企業間価格で行われているかどうかは，国外関連取引の買手が第三者に販売した場合の利益率が通常の利益率であるかどうかで判断するわけです。

この場合，通常の利益率は次の算式で計算されます。

> 通常の利益率＝ $\dfrac{\text{再販売者の売上総利益}}{\text{再販売者が行った同種又は類似の棚卸資産の販売収入}}$

再販売者の売上総利益とは，比較対象取引の買手である再販売者が行った同種又は類似の棚卸資産の販売収入（上記の分母）から当該棚卸資産の原価の額を控除した金額です（1で示した政令の～～部分）。

例えば，輸入取引を念頭に置き，国外関連取引に係る棚卸資産と同種又は類

似の棚卸資産の比較対象取引の再販売者における国内での販売価格を100とします。また，その棚卸資産の原価を80とします。そうすると，再販売者における通常の利益率は次のとおりとなります。

$$通常の利益率 = \frac{100-80}{100} \cdots\cdots 20\%$$

一方，国外関連取引に係る棚卸資産の買手である法人が国内の第三者に販売した価格を100とします。また，その棚卸資産の原価が90であったとします。そうすると，国外関連取引に係る法人の利益率は次のとおりとなります。

国外関連取引の利益率

$$= \frac{100-90}{100} \cdots\cdots 10\%$$

したがって，この例では，「国外関連取引における法人（輸入者）の利益率は比較対象取引における再販売者の通常の利益率よりも低い⇒移転価格税制上問題がある取引だ」ということになるわけです。

そこで，どれだけ所得移転があるのかを計算します。国外関連取引における法人の販売収入の合計は100なので，次の算式で国外関連取引を通常の利益率で取引した場合の取引金額を計算します。

$$100 - 100 \times 20\% = 80$$

期末在庫の問題を捨象すると，結論として，国外関連者より本来80で仕入れるべきところ，90で仕入れていたために，$90-80=10$ が法人から国外関連者に所得移転していたということになります。

なお，販売収入100であるとか仕入が80であるという言い方は，ひとつひとつの棚卸資産の価格を指すのではなく，年間を通した売上金額の合計及びその仕入金額の合計という束ねられた価格の概念であることは，3の原価基準法の場合と同様です。

3　比較対象取引の内容

(1)　比較対象取引の売手と買手の関係

　再販売価格基準における比較対象取引を理解する上で，売手と買手との関係をきちんと整理しておくことが大事であるのは原価基準法の場合と同様です。
　そこで，まず通達を見ておきたいと思います。

> **租税特別措置法関係通達66の4(3)－1　（比較対象取引の意義）**
> 　独立企業間価格の算定の基礎となる取引（以下「比較対象取引」という。）は，国外関連取引との類似性の程度が十分な非関連者取引をいうのであるから，例えば，措置法第66条の4第2項第1号に規定する棚卸資産の販売又は購入の場合にあっては，次に掲げる独立企業間価格の算定方法の区分に応じ，それぞれ次に掲げる取引となることに留意する。
> (1)　省略
> (2)　措置法第66条の4第2項第1号ロに掲げる方法（以下「再販売価格基準法」という。）　国外関連取引に係る棚卸資産と同種又は類似の棚卸資産を，非関連者から購入した者が当該同種又は類似の棚卸資産を非関連者に対して販売した取引（当該取引と国外関連取引とにおいて売手の果たす機能その他に差異がある場合には，その差異により生じる措置法令第39条の12第6項に規定する割合の差につき必要な調整を加えることができるものに限る。）
> (3)～(9)　省略

　この通達の網かけ部分は，通常の利益率を計算する際の基となる取引を記載しているものです。内容は極めて簡単で，比較対象取引は国外関連取引に係る棚卸資産と「同種又は類似の棚卸資産を非関連者から購入し，非関連者に販売する取引」です。この「棚卸資産を非関連者から購入し，非関連者に販売する取引」を行う法人のことを「再販売者」というわけです。

再販売者を内国法人の立場で考えるか外国法人の立場で考えるかは，国外関連取引が輸入取引か輸出取引かによって決まります。
　まず，内国法人が国外関連者から棚卸商品を輸入する取引について再販売価格基準法を適用するケースをみてみましょう。これはすでに②で計算例を示していますので簡単にイメージできると思います。
　図表２－20のとおり，輸入取引では，法人は輸入者としての立場になりますので，比較対象取引としての再販売者も日本の法人となります。この場合，必要となる情報は，比較対象取引における棚卸資産と法人が輸入した棚卸資産とが同種又は類似であることを示すものと，その棚卸資産を再販売者が非関連者に販売した売上金額とその原価の額です。再販売者は日本の法人なので，国内でこれらの情報を収集することになります。

(図表２－20)

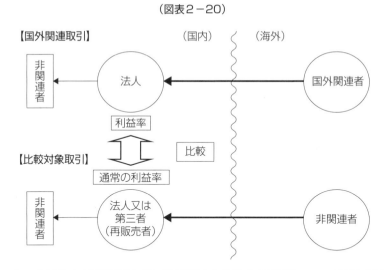

　一方，内国法人が国外関連者に棚卸商品を輸出する取引について再販売価格基準法を適用する場合には，図表２－21のとおり，国外関連者が輸入者としての立場になりますので，比較対象取引としての再販売者は外国の法人となります。必要となる情報は，先程と同様ですので，法人は，非関連者に販売した金額とその原価の額に係る情報を再販売者である外国法人から収集しなければ

ならないことになります。また，法人は，国外関連者の利益率の計算に必要なデータも自由に入手できる立場にいる必要があります。

(図表2-21)

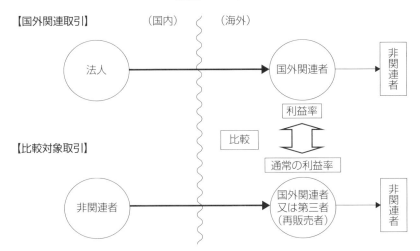

この2つのケースから，情報収集の観点からすると，再販売価格基準法は輸入取引に適用しやすい方法であると言えます。

次に，輸入取引の中で2つの比較対象取引を考えます。

ひとつは，**図表2-22**のようなケースです。**図表2-20**とほとんど同じですが，比較対象取引の買手，すなわち再販売者が第三者となっています。このように，比較対象取引を外部に求めた場合には，外部の同業者の棚卸資産の売上高と仕入金額を知る必要があります。しかし，一般に棚卸商品の仕入金額といったものは，企業の内部情報であり，国内にある企業であっても情報収集はなかなか困難ではないかと思われます。

では，**図表2-23**のようなケースはどうでしょうか。法人が国外関連取引に係る棚卸資産と同種又は類似の棚卸資産を非関連者からも輸入しているケースです。比較対象取引を企業内部に求めた場合には，売上に関する情報及び仕入に関する情報ともに企業内部のデータを見ればわかります。特に，棚卸資産の類似性が高ければ高いほど再販売者としての機能も類似しているものと思わ

れますので，後に説明する差異の調整もシンプルになるかと思われます。

このように再販売価格基準法は，内国法人の輸入取引で同種又は類似の棚卸資産をその内国法人が非関連者からも輸入しているケースに適用しやすい方法であることがわかります。

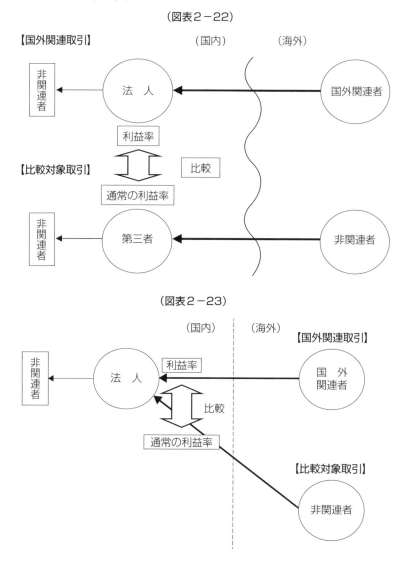

(2) 同種又は類似の意味

　再販売価格基準法において、棚卸資産に要求される類似性については、原価基準法と同様に独立価格比準法におけるほどの厳密さは要求されません。この点、独立価格比準法に比べれば、適用範囲は広いということができますが、「類似」をどこまで広げるかについては必ずしも明らかではありません。利益管理や販売戦略といった経営管理上の括り方から棚卸資産の類似性を判断する方法も考えられますが、以下に示した通達にあるとおり、物理的な観点からの類似性しか法令解釈として示されていないことに対する問題点については、3の「原価基準法」のところでも言及したとおりです。

> **租税特別措置法関係通達66の4(3)－2（同種又は類似の棚卸資産の意義）**
>
> 　措置法第66条の4第2項第1号イに規定する「同種の棚卸資産」又は措置法令第39条の12第6項、第7項並びに第8項第1号イ、同号ハ(1)及び第2号から第5号までに規定する「同種又は類似の棚卸資産」とは、国外関連取引に係る棚卸資産と性状、構造、機能等の面において同種又は類似である棚卸資産をいう。
>
> 　ただし、これらの一部について差異がある場合であっても、その差異が措置法第66条の4第2項第1号イに規定する対価の額若しくは同号ロ及びハに規定する通常の利益率の算定又は措置法令第39条の12第8項第1号イ、同号ハ(1)及び第2号から第5号までに規定する割合の算定に影響を与えないと認められるときは、同種又は類似の棚卸資産として取り扱うことができる。

　もっとも、原価基準法では、製造や加工の機能があれば、性状、構造、機能等が類似していても型が違えば原価が異なることから、棚卸資産の違いによる売手の売上総利益率に与える影響は大きいことは容易に想像できますが、再販売価格基準法では、再販売者に加工等の機能がなく、単に「仕入れて売る」という機能に限定されているのであれば、棚卸資産の違いによる再販売者の売上総利益率に与える影響は原価基準法が売手の売上総利益率に与える影響よりも

少ないのではないかといった考え方もあるかと思います。ただし，棚卸資産の違いが「売り方の違い」となって現れ，次に説明する売手の機能としての差異調整が必要となる場合があるので注意する必要があります。

4 差異の調整

　原価基準法が売手側の売上総利益を基に利益率を計算するため，国外関連取引と比較対象取引との間の売手側の差異のみを調整することとされているのに対し，再販売価格基準法は，買手側の売上総利益を基に利益率を計算するため，国外関連取引と比較対象取引との間の買手側の差異のみを調整することとされています（1で掲げた政令条文参照）。ここでいう買手は，再販売者としての機能を持つことから，買手は同時に非関連者に対する売手でもあります。したがって，条文では，「売手の果たす機能その他に差異がある場合」という表現をしています。

　差異のうち，貿易条件，決済条件，取引規模，取引段階，取引時期，取引市場等については，すでに説明しています（第2章2「独立企業間価格の算定（独立価格比準法）」参照）。例えば，取引条件の差異については，国外関連取引と同様の取引条件となるように比較対象取引を引き直して原価を計算し，売上総利益率を調整するといったことを行います。

　国外関連取引における棚卸資産の買手と比較対象取引の再販売者の差異には，上記の他に様々な差異が考えられます。この点OECDガイドラインには次のような記述があります。

第2章　移転価格算定法　C　再販売価格基準法
2.31　再販売差益の額は，再販売者が行う活動の水準に影響されることを考えるべきである。この活動の水準は広い範囲に及び，再販売者が運送業者として最小限の役務しか行わない場合から，広告，マーケティング，販売，製品保証，在庫の管理及びその他の関連する役務に対する責任及

> びリスクを含め，所有に関する全責任を負う場合まである。関連者間取引における再販売者が重要な商業活動を行わず，単に商品を第三者に引き渡すだけの場合には，その果たした機能に照らせば再販売差益は少額なものとなろう。再販売者が商品のマーケティングに専門的知識を有し，実際に特別のリスクを負い，あるいはその製品に関連する無形資産の形成又は維持のために実質的な貢献をしていることが実証できる場合には，再販売差益は高いものとなろう。（後略）

　ここでいう，広告，マーケティング，販売，製品保証，在庫の管理といったものは国外関連取引の買手と再販売者との間の機能に関する差異の項目です。そして，単純な機能しか持たない再販売者の利益は低くなり，これらの機能を持てば持つほど再販売者の利益は高くなるはずだという説明がなされています。
　実際にこれらの機能の有無は，国外関連取引の買手と再販売者の会計情報のうち，販管費に計上される費用の多寡でその違いが現れることが多いものと思います。つまり，単純な言い方をすれば，これらの機能を持てば持つほど販管費が膨らむのでその分粗利を良くしておかなければならないということになるわけです。
　ただし，これらの差異を実際に調整するのは容易なことではありません。まず，広告宣伝活動やマーケティングの活動に関する差異があるといった場合に，それらの活動の裏付けとなる費用の合計額から問題となっている棚卸資産の取引に係る部分を切り出す必要がでてきます。国外関連取引がマーケティング費用をかけていないのに比較対象取引では多額のマーケティング費用をかけているというケースを想定すると，様々な棚卸資産を扱う再販売者の費用計上額のうち，同種又は類似の棚卸資産の取引に関連する費用の切出しは実務上は困難であることが多いと言えます。仮にそれができたとしても，次に，これらの機能が売上総利益率のアップにどれだけつながるかを検討しなければなりません。機能の差異の調整は，条文・通達ではさらりと書かれていますが，至難の業です。

特に，再販売者が第三者である場合には，再販売者が果たす機能とリスクに関する情報を入手するのは容易なことではありません。
　なお，国税庁の移転価格事務運営要領別冊の参考事例集では，**図表2－24**のような取引関係図を前提として外部の比較対象取引を使用して再販売価格基準法の適用する事例を示しています（国税庁「移転価格税制の適用に当たっての参考事例集（事例2）」15，16ページ）。

(図表2－24)　参考事例集の図

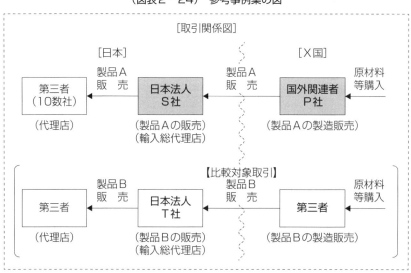

　この事例では，国外関連取引における棚卸資産の買手であるS社は，独自性のある広告宣伝・販売促進活動は行っておらず，自社の商標等も使用していないとし，比較対象取引との比較可能性や上述したような機能の差異調整の困難さを懸念させる材料を捨象しています。その上で，外国メーカーの日本における輸入総代理店のうち，有価証券報告書や各社のホームページ及び市場調査会社の分析資料等から上記図に示したT社の取引を抽出したとしています。
　T社は，第三者である外国メーカーから輸入した製品を日本国内の第三者の代理店に販売する再販売業者であり，それ以外の事業は行っていないとし，T社の取扱製品Bは製品Aと性状，構造及び機能において同種の製品ではないが

類似性は高いとしています。さらに，販売機能（広告宣伝，販売促進，アフターサービス，包装，配達等）の面でもＳ社とおおむね同様であると認められたとしています。上述のとおり，これらの情報を，ホームページ等の公開データや市場調査会社の資料から把握したことを前提に記載されていますが，現実には，こうした事実を裏付ける証拠をこれらの外部情報からそろえるのはなかなか難しいのが現実です。

　結局のところ，国外関連取引の買手と外部の再販売者との間で，機能上の差異が認められる場合や差異があるかどうかも不明である場合には，情報収集や差異調整の困難さを考えると，再販売価格基準法を適用するのはハードルが高いと言えそうです。

5 取引単位営業利益法

　ここでは，独立企業間価格の算定方法のうち，「取引単位営業利益法」を取り上げます。これまで，「独立価格比準法」「原価基準法」「再販売価格基準法」を順次説明してきましたが，ここで「取引単位営業利益法」を取り上げるのは，この方法は比較対象取引の利益率を比較するという意味で再販売価格基準法や原価基準法と似たところがあることと，後で述べるとおりこれまで説明してきた方法よりも適用しやすいことにより，広く使用されている現状があるからです。

1　条文の規定と計算方法

　取引単位営業利益法は，一口でいうと，営業利益を基礎に独立企業間価格を算定する方法です。英語では，Transactional Net Margin Methodといい，略してTNMMと呼ばれています。

　条文では，国外関連者から棚卸資産を購入してこれを非関連者に再販売する取引に対してこの方法を適用する場合（国外関連取引が購入の場合）と，非関連者から棚卸資産を購入してこれを国外関連者に販売する取引に対してこの方法を適用する場合（国外関連取引が販売の場合）とで場面を分けて規定しているので，それぞれについて見ていきたいと思います。

(1) 国外関連取引が購入の場合

租税特別措置法66条の4（国外関連者との取引に係る課税の特例）第2項第1号ニ
　イからハまでに掲げる方法に準ずる方法その他政令で定める方法

租税特別措置法施行令39条の12（国外関連者との取引に係る課税の特例）第8項
　法第66条の4第2項第1号ニに規定する政令で定める方法は、次に掲げる方法とする。
一　（略）
二　国外関連取引に係る棚卸資産の買手が非関連者に対して当該棚卸資産を販売した対価の額（以下この号及び第4号において「再販売価格」という。）から、当該再販売価格にイに掲げる金額のロに掲げる金額に対する割合（再販売者が当該棚卸資産と同種又は類似の棚卸資産を非関連者に対して販売した取引（以下この号において「比較対象取引」という。）と当該国外関連取引に係る棚卸資産の買手が当該棚卸資産を非関連者に対して販売した取引とが売手の果たす機能その他において差異がある場合には、その差異により生ずる割合の差につき必要な調整を加えた後の割合）を乗じて計算した金額に当該国外関連取引に係る棚卸資産の販売のために要した販売費及び一般管理費の額を加算した金額を控除した金額をもって当該国外関連取引の対価の額とする方法
　イ　当該比較対象取引に係る棚卸資産の販売による営業利益の額の合計額
　ロ　当該比較対象取引に係る棚卸資産の販売による収入金額の合計額
三～五　（略）

取引単位営業利益法は，租税特別措置法では「その他政令で定める方法」として位置づけられており，詳細は政令に規定されています。そこで政令の規定を見ると「国外関連取引に係る棚卸資産の買手が非関連者に対して当該棚卸資産を販売した対価の額」から，その対価の額に一定の割合を乗じた利益の金額等を控除して独立企業間価格を算定する方法であると書いてあります（条文網かけ部分）。これは4で説明した「再販売価格基準法」と構造的にはよく似た方法であると言えます。ただし，再販売価格基準法は国外関連取引と比較対象取引の売上総利益率を比較するのに対し，取引単位営業利益法では売上営業利益率を比較します（**図表2－25**）。

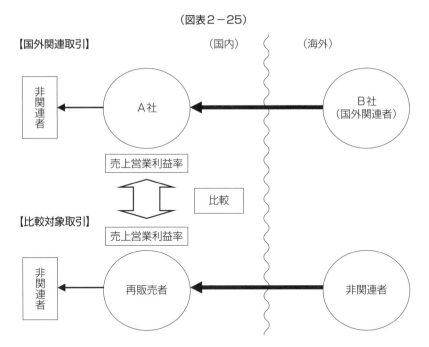

(図表2－25)

　また，国外関連取引の買手の購入価格が独立企業間価格となるためには，非関連者に対する販売価格（再販売価格）から独立企業水準の営業利益を控除するだけでは販売コストが購入価格に含まれてしまいます。そこで，次頁の算式に示すとおり，再販売価格から独立企業水準の営業利益と国外関連取引に係る

販売費及び一般管理費を控除することで独立企業間の購入価格を求めることにしています（図表２−26）。

(図表２−26)

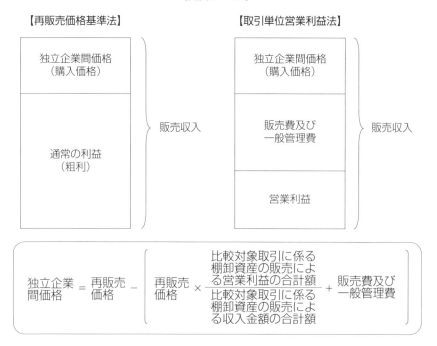

例えば，国外関連取引のある棚卸資産の再販売価格が120，その棚卸資産の販売に要した販売費及び一般管理費が40，比較対象取引の棚卸資産の販売収入が200，比較対象取引の営業利益が50だとすると，独立企業間価格は

　　$120 - (120 \times 50 / 200 + 40) = 50$

ということになります。したがって，国外関連取引の棚卸資産の購入価格が60であるとすると，60−50＝10がいわゆる高価買入となっており，その分所得が国外関連者に移転しているということになるわけです。

(2) 国外関連取引が販売の場合

租税特別措置法66条の4（国外関連者との取引に係る課税の特例）第2項第1号ニ

イからハまでに掲げる方法に準ずる方法その他政令で定める方法

租税特別措置法施行令39条の12（国外関連者との取引に係る課税の特例）第8項

法第66条の4第2項第1号ニに規定する政令で定める方法は、次に掲げる方法とする。

一・二　（略）

三　国外関連取引に係る棚卸資産の売手の購入、製造その他の行為による取得の原価の額（以下この号において「取得原価の額」という。）に、イに掲げる金額にロに掲げる金額のハに掲げる金額に対する割合（販売者が当該棚卸資産と同種又は類似の棚卸資産を非関連者に対して販売した取引（以下この号において「比較対象取引」という。）と当該国外関連取引とが売手の果たす機能その他において差異がある場合には、その差異により生ずる割合の差につき必要な調整を加えた後の割合）を乗じて計算した金額及びイ(2)に掲げる金額の合計額を加算した金額をもって当該国外関連取引の対価の額とする方法

　イ　次に掲げる金額の合計額
　　(1)　当該取得原価の額
　　(2)　当該国外関連取引に係る棚卸資産の販売のために要した販売費及び一般管理費の額
　ロ　当該比較対象取引に係る棚卸資産の販売による営業利益の額の合計額
　ハ　当該比較対象取引に係る棚卸資産の販売による収入金額の合計額からロに掲げる金額を控除した金額

四～六　（略）

こちらの方は，条文の網かけ部分を読むと，国外関連取引に係る棚卸資産の売手の取得原価の額に一定の割合を乗じて計算した利益の金額等を加算して独立企業間価格を算定する方法であると規定しています。これは3で説明した「原価基準法」と構造的によく似た方法であると言えます。ただし，原価基準法は，国外関連取引と比較対象取引の原価総利益率を比較するのに対し，取引単位営業利益法では，比較対象取引の営業利益が比較対象取引の販売収入から比較対象取引の営業利益を控除した金額に対して占める割合を指標として使います。次頁の**図表2－28**を先に見ていただくとわかるとおり，販売価格から営業利益を控除するということは「原価＋販売費及び一般管理費」すなわち棚卸資産の販売に要したフルコストを算出することを意味します。つまり，営業利益が販売収入から営業利益を控除した金額に占める割合とは，言い換えると「フルコスト営業利益率」を指すわけです。したがって，この方法は，国外関連取引と比較対象取引とのフルコスト営業利益率を比較する方法と言うことができます（**図表2－27**）。

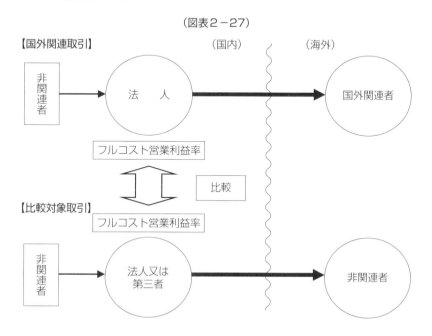

（図表2－27）

(図表2-28)

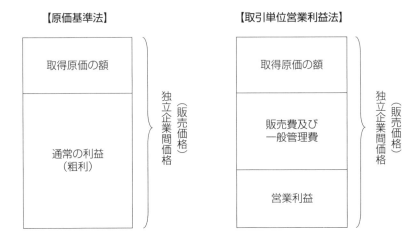

　また，国外関連取引に係る売手の販売価格が独立企業間価格となるためには，国外関連取引の取得原価の額に独立水準の営業利益を加算するだけでは，販売費及び一般管理費が反映されない過少な金額が計算されてしまいます。そこで，下の算式に示すとおり，国外関連取引の取得原価の額に，独立水準の営業利益を加算し，さらに，国外関連取引に係る販売費及び一般管理費を加算することで独立企業間の販売価格を求めることにしています（図表2-28）。

　なお，「売上－営業利益」から導かれる解は，「原価＋販管費」であるということは先ほど説明しましたが，下の算式のとおり独立企業間価格の算定のために，比較対象取引のフルコスト営業利益率を国外関連取引の「原価＋販管費」に乗じて算出する理由は，仮に，(1)のように国外関連取引の販売収入に売上営業利益率を乗じる方法を採った場合，国外関連取引においては，そもそも問題となっている価格自体を計算に含めてしまうことになり，適切な独立企業間価格の算定が不可能となってしまうからです。

$$\text{独立企業間価格} = \text{取得原価の額} + \left[\text{取得原価の額} + \text{販売費及び一般管理費}\right] \times \frac{\text{比較対象取引に係る棚卸資産の販売による営業利益の合計額}}{\text{比較対象取引に係る棚卸資産の販売による収入金額の合計額} - \text{比較対象取引に係る棚卸資産の販売による営業利益の額の合計額}} + \text{販売費及び一般管理費}$$

　この算式に数字をあてはめると，例えば，国外関連取引の棚卸資産の取得原価の額を50，その販管費を40，比較対象取引の販売収入の合計額を150，比較対象取引の営業利益の額の合計額を60とした場合，独立企業間価格は，

　　$50 + (50 + 40) \times 60 / (150 - 60) + 40 = 150$

ということになります。したがって，国外関連取引の棚卸資産の販売価格が100だとすると，150 − 100 ＝ 50がいわゆる低価販売となっており，所得が国外関連者に移転しているということになるわけです。

　なお取引単位営業利益法では，平成25年度の税制改正で営業費用売上総利益率（いわゆるベリー比）が利益水準指標として追加されましたが，ここでの説明は省略します。

2　取引単位営業利益法が導入された背景

　取引単位営業利益法が導入されたのは，平成16年度の税制改正によってです。その時の主税局の解説を見ると，政府税制調査会の答申を紹介する形で「……国際的なコンセンサスを反映しているOECDガイドラインに沿って新たな独立企業間価格の算定方法の導入が図られれば，納税に関する予見可能性が一層高まるものと期待される。」というくだりがあります（『改正税法のすべて　平成16年版』大蔵財務協会，312ページ）。つまり，取引単位営業利益法の導入は，納税者の予見可能性を高めるためであるということがその趣旨のひとつとして説明されているわけです。

　この「予見可能性」という言葉は，取引単位営業利益法を理解する上でのキーワードです。

日本が移転価格税制を導入する前に，日本の自動車会社が米国から多額の移転価格課税を受けた話は第1章1④でしましたが，外資系企業に対して移転価格課税をアグレッシブに行っていた米国が1990年代に自国で導入した課税手法はCPM（Comparable Profit Method）というものでした。このCPMという手法は，利益比較法とも呼ばれていて，やや乱暴な説明ですが，調査対象となる会社全体の営業利益を比較対象会社の全体の営業利益と比較して，調査対象となる会社の営業利益が低ければ，比較対象企業の営業利益水準に見合う営業利益となるように課税するというものです。当然ながら全体の営業利益同士の比較なので，比較対象会社が似ているかどうかということについては，かなり大雑把なものになりかねません。これまで説明してきたような棚卸資産や国外関連取引に係る類似性はそもそも求めることが難しいので，比較対象会社を1個だけ持ってくるのではなく，いくつも持ってきて営業利益の幅をつくり，その幅に納まっていれば「とりあえずOK」というような手法にならざるを得ないことになります。

　ただし，CPMは，比較対象企業の営業利益を公開データから入手しますので，納税者自身も容易にその情報にアクセスできるという最大の利点があります。つまり，この方法は納税者の「予見可能性」が満たされているとも言えるわけです。

　このCPMという手法をOECDガイドラインに盛り込もうとする動きに対しては，比較可能性を大きく損なう懸念から議論を呼び，結局CPMではなく，取引単位営業利益法という形でOECDガイドラインに位置づけられました。

　OECDガイドラインでは，あくまでも「取引単位」ですから，次に示したとおり，原価基準法や再販売価格基準法と同程度の水準が要求され，CPMのような手法は，OECDガイドラインに整合的である場合のみ認められるとされています。ただし，公開データによる情報収集を否定しているわけではなく，むしろ，公開データについて粗利が明確でない場合には営業利益指標が有効となる可能性がある旨の指摘もあります（パラ2.62）。

> OECD移転価格ガイドライン
> 第2章第3部：取引単位利益法　A　序
>
> 2.56　…（略）…取引単位営業利益法は，関連者間の特定の取引から生ずる利益を検討する方法である。独立企業原則を満たす利益法とは，OECDモデル租税条約9条と整合的であり，かつ本ガイドラインで述べられている比較可能性分析の要件に従う方法のみである。特に，いわゆる「利益比準法」又は「修正原価基準法／修正再販売価格基準法」（筆者注：CPMのような手法）は，それらが本ガイドラインと整合的である限りにおいてのみ受け入れられる。
>
> 2.58　取引単位営業利益法は，一の関連者間取引（かっこ内省略）から納税者が実現する適切な基準（例えば，原価，売上，資産）と比べた営業利益を検討するものである。このため，取引単位営業利益法は，原価基準法及び再販売価格基準法と類似の形で機能する。この類似性は，取引単位営業利益法が信頼性をもって適用されるためには，再販売価格基準法又は原価基準法が適用される形を一貫性のある形で適用されなければならないということを意味している…（略）…

3　当時の日本の事情

　それでは，取引単位営業利益法導入前の我が国の移転価格課税はどのように行われていたのでしょうか。それまでの課税手法は，今まで説明してきた「独立価格比準法」「再販売価格基準法」及び「原価基準法」（これらの手法を「基本三法」と呼びます）と6で説明する「利益分割法」を主に使用して課税をしていました（もちろん，これらの方法に準ずる方法も使用しています）。

　一般に基本三法では，第三者間の取引である外部比較対象取引に係る情報を収集するのは極めて困難であることについては，これまで説明してきたとおり

です。

　そこで，税務調査により基本三法を使用して移転価格課税をする場合には，課税庁側が，同業他社である第三者に質問検査権を発動して，公開されない取引情報の詳細を収集し，十分に類似性（比較可能性）を高めた上で，課税処分するという方法を採っていました。第三者に対する質問検査は，以下の条文に示されているように，その発動には要件が課されているので，調査の対象となった会社から必要なデータが時間をかけても得られないということを十分に確認してから行うというものでした。

> **旧租税特別措置法66条の４（国外関連者との取引に係る課税の特例）第８項**
> 　国税庁の当該職員又は法人の納税地の所轄税務署若しくは所轄国税局の当該職員は，法人が第６項に規定する財務省令で定めるもの（筆者注：平成28年改正前の日本版ドキュメンテーション）又はその写しを遅滞なく提示し，又は提出しなかった場合において，当該法人の各事業年度における国外関連者取引に係る第１項に規定する独立企業間価格を算定するために必要があるときは，その必要と認められる範囲内において，当該法人の当該国外関連取引に係る事業と同種の事業を営む者に質問し，当該事業に関する帳簿書類を検査し，又は当該帳簿書類（その写しを含む。）の提示若しくは提出を求めることができる。

　しかし，課税庁がどんなに慎重にこの条文を適用して外部比較対象取引のデータを収集したとしても，納税者の不満は募ります。更正処分の理由書を見ても，比較対象企業の名前や製品名などは全て目隠しされています。比較対象企業との類似性がどんなに精緻に高められていたとしても，納税者からはそれが具体的に見えてこないし，今後課税されないようにしようとしても課税庁の方法では申告できないことになります。

　これらの外部比較対象取引はシークレットコンパラブルなどと呼ばれ，当局がこれを使用して課税することについては国内外からかなり批判があったよう

に記憶しています。

　また，当時から事前確認制度を利用する法人が増加してきました。事前確認制度の概要は後に説明しますが，比較法を用いて事前確認を行うためには，納税者自身が自ら比較対象取引を選定して独立企業間価格を求める必要があります。したがって，独立価格算定手法として「公開データに基づいて比較対象取引を選定することが容易な方法」を法律上も措置しておくことが求められていたとも言えるわけです。

4　比較対象取引

　繰り返しになりますが，取引単位営業利益法が日本の移転価格税制に導入された理由は，表向きには，OECDガイドラインと整合させることで国際的なコンセンサスを高めるためということですが，本質的には納税者の「予見可能性」を高めることがその目的であり，納税者自らが適用しやすい手法の導入の必要性があったということが言えるのではないかというのが今までの説明でした。

　そうすると，取引単位営業利益法における比較対象取引は，自ずと「公開データから引っ張ってくる」ということが，この手法を適用する場合の「立ち位置」ということになってきます。

　つまり，比較対象取引の選定に当たっては，類似の取引を選定するのではなく，国外関連取引と同様の取引を行っている比較対象企業の財務データ，すなわち，類似企業の営業利益率を収集するということになってくるわけです。

　例えば，国税庁の移転価格参考事例集では，取引単位営業利益法の事例として図表２－29に示した取引関係図の下に，売上高営業利益率を使用する事例と営業費用売上総利益率を使用する事例が掲載されています（事例６）。売上営業利益率を使用する事例では，「製造販売を業とし，かつ，研究開発を行うP社よりも，製品の販売のみ行うS社の方がより単純な機能を果たしており，S社を検証対象の当事者とすることがより適切と認められる」とし，かつ，

(図表2-29)

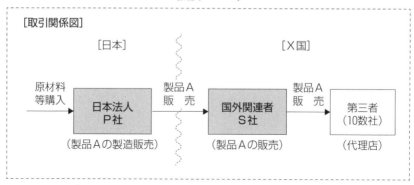

「P社及びS社が行う取引からは，内部比較対象取引の候補を見いだすことができない」とした上で，「S社を検証対象の当事者とする取引単位営業利益法については，公開情報から外部比較対象取引の候補を見いだすことができ，比較可能性分析の結果，S社の果たした機能の価値は，営業費用ではなく，売上との間に関係があることが確認されている」と説明されています。簡単にいうと，「S社は販売活動という単純な機能しかなく，売上が伸びれば営業利益も伸びるという関係にあるので，公開データからなるべく単純な販売機能を持つと思われる販売会社の売上営業利益率を使って取引単位営業利益法を適用した」ということになります。

詳細な説明は割愛しますが，営業費用売上総利益率を使用する事例でも，比較対象となる営業費用売上総利益率は公開データを使用することが前提とされています。

公開データを使用するとは，財務諸表を公開している会社から事業が類似している会社を探して，その財務データから必要とする営業利益率を求めるという作業を行うということを意味します。実務では，公開されている財務諸表等（日本でいうなら有価証券報告書など）をひとつひとつチェックするのは大変なので，データベース会社と契約してそこから検索条件を指定して情報を入手

するといった方法が採られています。

5 類似性と幅

　比較対象取引を企業情報データベースから収集する場合には，まず，検証対象となる法人の所在国と同じ所在国にある法人であること（市場の類似性），国外関連取引に係る事業と類似した業種の法人であること（業種の類似性），国外関連取引の規模と類似した取引規模を持つ法人であること（売上高等の規模の類似性）といったものを検索条件としていくことが考えられます。このような検索条件を指定しても，企業情報の内容において営業利益率を算定するためのデータが存在しなければ，その企業情報は採用できないことになります。また，赤字続きであったりする場合には，これも独立企業のデータとして信頼できないことから除外していくことになろうかと思われます。

　このようにして出されたデータに基づいて個別にその企業の事業活動や取扱い製品を公開情報から検討することになります。

　実際のところ，このような比較対象取引の抽出手法では，これまで比較可能性の検討要素や差異調整の項目として説明してきた，「棚卸資産が同種又は類似か」「契約条件は同一か」「当事者の果たす機能はどうか」「当事者の事業戦略は類似しているか」といった様々な項目について基本三法と同レベルの類似性を追求するのはなかなか困難であろうと思われます。なぜなら，企業情報データベースは基本的には企業の情報であり，個々の取引の情報ではないからです。

　したがって，比較する対象となる企業の営業利益率も複数抽出してその幅に納まるかどうかという見方が現実的な対応となってきます。

　一方，措置法では①に示したとおり，国外関連取引の棚卸資産と比較対象取引の棚卸資産については「同種又は類似」の状態にあることを要求し，独立企業間価格算定のために使用する営業利益率についても「売手の果たす機能その他において差異がある場合には差異を調整した後の割合」を使用することとさ

れています。つまり，条文上（通達もそうですが），取引単位営業利益法は比較可能性の程度や差異の調整方法について再販売価格基準法や原価基準法とは何ら別異な取扱いとはなっていないわけです。

　幅の取扱いも同様のことが言えます。繰り返しになりますが，条文上では取引単位営業利益法は基本三法に比べて比較可能性を緩やかにしているわけではないので，国税庁の事務運営要領では，次に示すとおり，幅は十分に類似性が高められた取引，すなわち比較対象取引が複数あるということから生じるものという考え方が示されています。こうなると独立企業間価格を算定するために当局が複数の利益率からひとつを選ぶ際に，複数の比較対象取引に係る利益率の「平均」を用いるというのはやや違和感があります。幅の中であれば独立企業間としての資格がある以上，納税者に最も有利な率でよいのではないかと思われます。

> 移転価格事務運営要領
> 第4章　独立企業間価格の算定等に対する留意点
> 4-5（比較対象取引が複数ある場合の独立企業間価格の算定）
> 　国外関連取引に係る比較対象取引が複数存在し，当該比較対象取引に係る価格又は利益率等（国外関連取引と比較対象取引との差異について調整を行う必要がある場合は，当該調整を行った後のものに限る。以下「比較対対象利益率等」という。）が形成する一定の幅の外に当該国外関連取引に係る価格又は利益率等がある場合には，原則として，当該比較対象利益率等の平均値に基づき独立企業間価格を算定する方法を用いるのであるが，中央値など，当該比較対象取引利益率等の分布状況等に応じた合理的な値が他に認められる場合には，これを用いて独立企業間価格を算定することに留意する。

　以上のように取引単位営業利益法は，法律上のタテマエと実務がかなり乖離しており，当局と移転価格課税を法廷で争う場面にはやや不向きな手法ではないかと思われます。したがって，この手法を使って法人税の確定申告をするに

しても，事前確認等に代表されるように，納税者と当局との移転価格上の一致点を見出すための調整手段として捉え，有効に活用するのがよいのではないかというのが筆者の考えです。

6 利益分割法

　これまで，独立価格比準法，原価基準法，再販売価格基準法，取引単位営業利益法について説明してきました。これらの方法は，「国外関連取引と非関連者間取引とを比較する」という点で共通します。したがってこれらの方法を「比較法」という形で括ることも可能です。これに対して，今回取り上げる方法は，全く発想が異なる方法です。

　移転価格税制が対象とするのは，国外関連取引に通じた所得の移転です。これは，見方を変えると，国外関連取引を通じて得られた所得が，法人と国外関連者に適正に配分されているかといった問題でもあります。そこで，移転価格税制では，グループ企業間の取引で獲得した所得を合理的に配分することで，結果，その取引の価格を独立企業間価格とすることを目指す方法があります。それがこれから説明する「利益分割法」です。英語ではProfit Split Methodといい，略して「PS法」と呼ばれています。

1 利益分割法における3つのアプローチ

　それでは，利益分割法とはどのような手法なのか，条文に即してその概要を理解しましょう。

(1) 寄与度利益分割法

> 租税特別措置法施行令39条の12（国外関連者との取引に係る課税の特例）第8項（第1号のみ）
> 　法第66条の4第2項第1号ニに規定する政令で定める方法は，次に掲げる方法とする。
> 一　国外関連取引に係る棚卸資産の法第66条の4第1項の法人及び当該法人に係る国外関連者による購入，製造その他の行為による取得及び販売（以下この号において「販売等」という。）に係る所得が，次に掲げる方法によりこれらの者に帰属するものとして計算した金額をもって当該国外関連取引の対価の額とする方法
> 　　イ　（略）
> 　　ロ　当該国外関連取引に係る棚卸資産の当該法人及び当該国外関連者による販売等に係る所得の発生に寄与した程度を推測するに足りるこれらの者が支出した費用の額，使用した固定資産の価額その他これらの者に係る要因に応じてこれらの者に帰属するものとして計算する方法
> 　　ハ　（略）

　利益分割法は，租税特別措置法66条の4では取引単位営業利益法と同様に「その他政令で定める方法」として位置付けられています。そして，政令で3つの方法が規定されていますが，その最もオーソドックスなものとして「寄与度利益分割法」といわれる方法があります。

　この方法は，上の条文のとおり，法人と国外関連者とが国外関連取引を通じて得られた利益を合算し，それぞれの働きに応じて分割する方法です（**図表2－30**）。それぞれの働きは，人件費や広告宣伝費など，一連の取引でそれぞれが計上した費用の額などで図ることになります（その他に妙案がないからです）。つまり，その費用の割合に応じて利益を分割することで，法人及び国外関連者がそれぞれ帰属すべき利益を計算するわけです。そして，このように計算された利益となるような法人と国外関連者間の取引価格が独立企業間価格で

あると考えるわけですが，必ずしも取引価格までを算定することはしないのが普通です。

(図表2-30)

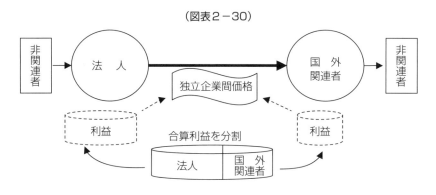

(2) 残余利益分割法

> 租税特別措置法施行令39条の12（国外関連者との取引に係る課税の特例）第8項（第1号のみ）
>   法第66条の4第2項第1号ニに規定する政令で定める方法は，次に掲げる方法とする。
> 一　（本文略）
>   イ，ロ　（略）
>   ハ　(1)及び(2)に掲げる金額につき当該法人及び当該国外関連者ごとに合計した金額がこれらの者に帰属するものとして計算する方法
>   (1)　当該国外関連取引に係る棚卸資産の当該法人及び当該国外関連者による販売等に係る所得が，当該棚卸資産と同種又は類似の棚卸資産の非関連者による販売等（(1)において「比較対象取引」という。）に係る第6項，前項又は次号から第5号（筆者注：RP法，CP法，TNMMで使用する利益率に関する規定）までに規定する必要な調整を加えないものとした場合のこれらの規定による割合（当該比較

対象取引と当該国外関連取引に係る棚卸資産の当該法人及び当該国外関連者による販売等とが当事者の果たす機能その他において差異がある場合には，その差異（当該棚卸資産の販売等に関し当該法人及び当該国外関連者に独自の機能が存在することによる差異を除く。）により生ずる割合の差につき必要な調整を加えた後の割合）に基づき当該法人及び当該国外関連者に帰属するものとして計算した金額
(2)　当該国外関連取引に係る棚卸資産の当該法人及び当該国外関連者による販売等に係る所得の金額と(1)に掲げる金額の合計額との差額（(2)において「残余利益等」という。）が，当該残余利益等の発生に寄与した程度を推測するに足りるこれらの者が支出した費用の額，使用した固定資産の価額その他これらの者に係る要因に応じてこれらの者に帰属するものとして計算した金額

　この条文を初めて読む人は，いったい何を言っているのかさっぱりわからないというのが実情かもしれません。条文中の(1)や(2)は法人と国外関連者とに分割される利益の額を説明しています。つまり，国外関連取引を通じて得られた利益を(1)と(2)とに分けて法人と国外関連者とにそれぞれ帰属する利益を計算し，それらを法人及び国外関連者ごとに合計すれば，それぞれに帰属すべき所得が計算されるというわけです（図表２－31）。

　では，(1)は何を言っているのでしょうか。まず，法人と国外関連者との国外関連取引を通じて得た利益があらかじめ計上されていることをイメージしてください。そこで，今まで説明してきた原価基準法や再販売基準法で使用する総利益率や取引単位営業利益法で使用する営業利益率，つまり非関連者間での利益率（ここでは，内部比較対象取引による利益率というよりも外部比較対象取引による利益率の方がイメージしやすいと思います）を使って，まず，法人と国外関連者とに帰属すべき利益を計算します。

(図表2-31)

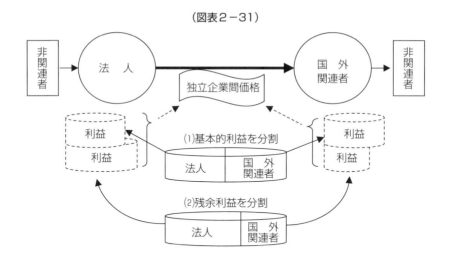

　非関連者間の利益率を国外関連取引に充てる際には、これまで説明してきたような差異調整を行うことになりますが（条文中〜〜〜部分）、ここで注意すべき点は、法人や国外関連者が有する「独自の機能」があることによる差異は調整しない（条文中＿＿部分）としている点です。この「独自の機能」については、ここでは特許権等の「無形資産」といった程度の理解で結構です。つまり、無形資産を利用することで収益があがり、利益も大きくなるはずだという前提に立つと、仮に法人に何らかの無形資産があれば無形資産がない同業他社よりも利益率は高くなるはずです。(1)では、そのための差異調整はしない、つまり無形資産を使用しない状態で通常得られる利益率を使って、法人と国外関連者の利益を計算しろというわけです。この(1)で計算される法人と国外関連者の利益を「基本的利益」といいます。

　次に(2)の規定に移ります。ここではまず、国外関連取引に係る法人と国外関連者の利益から(1)で計算した基本的利益を差し引くことにより差額を計算します。この差額を「残余利益」といいます。この利益は何を意味するかを理解することがこの手法を理解する最大のポイントです。

さきほど(1)で，無形資産があるために高くなっているであろう利益率は調整しないと言いましたね。繰り返しになりますが，(1)で計算される基本的利益は，無形資産等を使用しなくても得られる利益を意味します。そうすると，(2)で計算した残余利益は，国外関連取引に係る全体の利益から，無形資産等を使用しなくても得られる利益を差し引くわけですから，逆に，無形資産等を使用することで得られる利益を示しているとも言えます。このことを通達では次のように説明しています。

> **租税特別措置法関係通達66の4⑸－4（残余利益分割法）**
> 　残余利益分割法の適用に当たり，基本的利益とは，66の4⑶－1の⑸に掲げる取引（筆者注：基本的利益を算定するために必要な比較対象となる非関連者取引）に基づき算定される独自の機能を果たさない非関連者間取引において得られる所得をいうのであるから，分割対象利益等と法人及び国外関連者に係る基本的利益の合計額との差額である残余利益等は，原則として，国外関連取引に係る棚卸資産の販売等において，当該法人及び国外関連者が独自の機能を果たすことによりこれらの者に生じた所得となることに留意する。
> 　（後段略）

　本当にそうなるの？という疑問が湧くところですが，ひとまずここではそう理解してください。
　条文によると，このように計算した残余利益をその発生に寄与したと推測するに足りる要因（費用の額，使用した固定資産の価額等）で按分計算することになります。これは，残余利益は無形資産を使用したことにより生じるものと想定していますから，その無形資産を生み出すためのコストの割合で分割することが合理的である（それ以外に妙案がない）と考えているからです。このことを通達では次のように説明しています。

> 租税特別措置法関係通達66の4(5)－4（残余利益分割法）
> （前段略）
> 　また，残余利益等を法人及び国外関連者で配分するに当たっては，その配分に用いる要因として，例えば，法人及び国外関連者が無形資産を用いることにより独自の機能を果たしている場合には，当該無形資産による寄与の程度を推測するに足りるものとして，これらの者が有する無形資産の価額，当該無形資産の開発のために支出した費用の額等を用いることができることに留意する。

　このように，基本的利益と残余利益を配分計算した結果，法人と国外関連者とにそれぞれ帰属する利益が計算されれば，それが，独立企業間で得られるべき利益ということになり，その利益に応じた取引価格が独立企業間価格となるわけです。

　この残余利益分割法は，英語ではResidual Profit Split Methodといい，略して「RPS法」と呼ばれています。

(3)　比較利益分割法

> 租税特別措置法施行令39条の12（国外関連者との取引に係る課税の特例）第8項（第1号のみ）
> 　法第66条の4第2項第1号ニに規定する政令で定める方法は，次に掲げる方法とする。
> 一　（本文略）
> 　　イ　当該国外関連取引に係る棚卸資産と同種又は類似の棚卸資産の非関連者による販売等（イにおいて「比較対象取引」という。）に係る所得の配分に関する割合（当該比較対象取引と当該国外関連取引に係る棚卸資産の当該法人及び当該国外関連者による販売等とが当事者の果たす機能その他において差異がある場合には，その差異により生ずる

割合の差につき必要な調整を加えた後の割合）に応じて当該法人及び
　　当該国外関連者に帰属するものとして計算する方法
　　　ロ，ハ　（略）

　この方法は条文のとおり，同種又は類似の棚卸資産の取引を行う非関連者の利益の配分割合をそのまま国外関連取引の法人と国外関連者に当てはめて双方の帰属利益を計算する方法です。この方法を適用するためには，国外関連取引における親会社と子会社との関係と同様の機能やリスクを持つ第三者間の情報を入手しなければなりません。棚卸資産の類似性が確保され，取引当事者の機能やリスクが分析できるのであれば，もともと比較法が適用できる状態です。また，法人や国外関連者に独自の無形資産がある場合には，同様の無形資産をもつ非関連者間の利益配分割合を求めるのはそもそも不可能に近いと言えます。したがって，この方法は，実務で使用されるケースはほぼないのではないかと推測されます。

　そこで，比較利益分割法の説明はこの程度で止め，他の２つの方法について，引き続き説明したいと思います。

2　分割対象利益の計算

　利益分割法を適用する場合にまずやらなくてはならないことは分割対象利益の計算です。通達では，分割対象利益は法人と国外関連者との国外関連取引により生じた営業利益の和であるとして次のように説明しています。

> 租税特別措置法関係通達66の4(5)－1（利益分割法の意義）
> 　措置法令第39条の12第８項第１号に掲げる方法（以下「利益分割法」という。）は，同号イからハまでに掲げるいずれかの方法によって，国外関連取引に係る棚卸資産の販売等により法人及び国外関連者に生じた所得（以下「分割対象利益等」といい，原則として，当該法人に係る営業利益

又は営業損失に当該国外関連者に係る営業利益又は営業損失を加算した金額を用いるものとする。）を当該法人及び国外関連者に配分することにより独立企業間価格を算定する方法をいうことに留意する。

具体的な計算は，国税庁の参考事例集に事例があるので紹介します（国税庁「移転価格税制の適用に当たっての参考事例集（事例18）」71ページ）。この例では**図表２−32**に示した前提条件のもと，それぞれの損益資料が**図表２−33**のように与えられています。

ここで注意しなければならないことは，あくまでも取引単位での損益を抽出する必要があるということです。この例では，**図表２−32**のとおり，製品Aを法人及び国外関連者が製造販売するためにＰ社がＳ社に対して行う部品ａの供給と製品Aを製造するに必要な特許及び製造ノウハウに対するＰ社のＳ社への使用許諾という２つの国外関連取引を対象としています。

(図表２−32)

≪前提条件≫

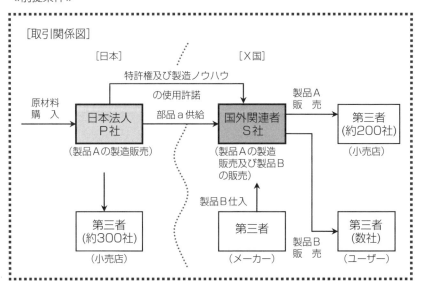

(図表2-33)

P社損益資料	
製品A売上高	200
部品a売上高	35
受取ロイヤルティ	5
売上高合計	240
製品A売上原価	95
部品a売上原価	25
売上原価合計	120
売上総利益	120
製品A販売費	48
部品a販売費	2
研究開発費	25
一般管理費	15
販売管理費合計	90
営業利益	30

S社損益資料	
製品A売上高	110
製品B売上高	500
売上高合計	610
部品a仕入高	35
製品Aその他原価	10
製品B仕入高	480
支払ロイヤルティ	5
売上原価合計	530
売上総利益	80
製品A販売費	15
製品B販売費	5
一般管理費	10
販売管理費合計	30
営業利益	50

　そこで，分割対象となる営業利益はこれらの国外関連取引に係るP社とS社の営業利益を損益情報から切り出す作業から始めることになります。

　まず，P社の損益資料を見ると，製品Aや部品aに関する売上高，受取ロイヤルティ，売上原価，販売費がすでに切り出されています（**図表2-33**）。これはP社の会計情報から製品Aや部品aに関する項目を抜き出して集計したデータです。そして，国外関連取引に係る製品Aと部品aとに直接ひも付けることができない研究開発費については，P社とS社の製品Aの外部売上高の割合を用いて按分しています（**図表2-34**）。

　なぜなら，製品Aや部品aはP社の研究開発により独自に生み出された技術と製造ノウハウによって製造販売されているとの前提に立った場合，PとSが国外関連取引を通じてどれだけ製品Aを外部に売り上げたかで，P—S間の製品Aに係る利益が決まってくるからです。この場合，P社は日本の国内で第三

(図表2-34)

○ P社の国外関連取引に係る営業利益
　　（部品a売上高　　　　35）
　－（部品a売上原価　　　25）
　＋（受取ロイヤルティ　　 5）
　－（配賦後研究開発費　　 9　［＝研究開発費総額25×{110/(110+200)}]）
　－（部品a販売費　　　　 2）
　－（配賦後一般管理費　　 3　［＝一般管理費総額15×{25/(25+95)}]）
　＝P社の国外関連取引に係る営業利益　 1

○ S社の国外関連取引に係る営業利益
　　（製品A売上高　　　　110）
　－（部品a仕入高　　　　 35）
　－（製品Aその他原価　　 10）
　－（支払ロイヤルティ　　 5）
　－（製品A販売費　　　　 15）
　－（配賦後一般管理費　　 8　［＝一般管理費総額10×{15/(15+5)}]）
　＝S社の国外関連取引に係る営業利益　37

者に製品Aを200販売していますが，この販売は国外関連取引を介していないのでこの部分は国外関連取引に係るP社の利益計算に入れることはできません。したがって，製品Aの全体の売上に占めるS社のみの売上の割合を研究開発費に乗じることで，この研究開発費が国外関連取引で生じた利益に貢献した金額を計算することが合理的だと考えられます。これを算式で表すと以下のとおりとなります。

　　研究開発費総額25×{110／(110＋200)}

　また，一般管理費といった共通費用については，P社は，部品aをS社に販売する取引と製品Aを外部に販売しているので，以下の算式のとおり，一般管理費を製品Aと部品aの売上原価の合計に占める部品aの売上原価の割合を使って按分することが合理的と考えられます。なお，製品Aと部品aの売上高を使って按分する方法も考えられますが，問題となる国外関連取引の金額を計

算に含めてしまうので合理的とは言えません。

　　一般管理費総額15×｛25／(25＋95)｝

　次に、S社の損益資料を見ると、製品Aの売上高、部品aの仕入高、製品Aのその他原価、支払ロイヤルティ、製品Aの販売費が計上されています。これらは、国外関連取引に係るS社の営業利益の計算に必要な項目として、製品Aに関する項目を抜き出して集計したデータです。

　また、S社は、部品aをP社から輸入し自らの加工を加えて製造した製品Aを外部に販売する事業と、製品Bを外部から仕入れてこれを外部に販売する事業を行っています。したがって、一般管理費については、以下の算式のとおり、製品Aと製品Bの販売費の合計額のうち製品Aの販売費の割合で按分計算して算出することが合理的と考えられます。これを仕入金額で按分しようとするとそもそも問題となっている国外関連取引の金額を計算の中に含めることになり合理的とは言えません。

　　一般管理費総額10×｛15／(15＋5)｝

　そうすることで、図表2-34のとおりP社に係る営業利益は1、S社に係る営業利益は37と計算され、合計38の合算営業利益を上述した3つのアプローチにより分割していくことになるわけです。

３｜寄与度分割法による分割計算

　分割対象利益が計算できれば、あとは分割するだけです。分割の仕方として寄与度分割法と残余利益分割法の2つについてその概要を説明します。

　寄与度分割法は、1(1)で示した条文のとおり、所得の発生に寄与した程度を推測するに足りる要因、例えば、費用の額や使用した固定資産の価額等で按分してそれぞれの帰属すべき利益を計算します。図表2-35では、日本法人P社と国外関連者S社の合算利益が300となっています。例えば、P社が商品Aを仕入れてS社に輸出し、S社が現地の市場で販売するという単純な商流を考えた場合、ともに販売に要する人件費と広告宣伝が利益獲得に貢献する主な費

用であると考えられます(実際には分割対象利益を計算する際に集計した費用の各項目から分割対象利益の発生に貢献した費目を選択することになろうかと思われます)。そこで、それぞれの費用の額を合計した結果、300：450という比率が算出されれば、それに応じて合算利益を按分すれば、P社及びS社が本来帰属させるべき営業利益(分割後営業利益)を求めることができます。図表2－35では、計算の結果、P社にとっては、20(120－100)がS社に所得移転していることになります。

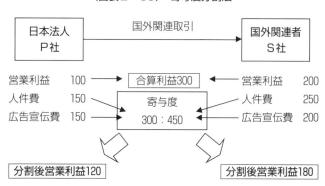

(図表2－35) 寄与度分割法

4 残余利益分割法による分割計算

　残余利益分割法は、①(2)で説明したとおり、まず、基本的利益を法人と国外関連者とでそれぞれ先取りし、残った利益(残余利益)を法人と国外関連者がその発生に寄与した程度を推測するに足りる要因、例えば、費用の額や使用した固定資産の価額等の比率で按分してそれぞれ帰属すべき利益を計算します。

　まず、基本的利益の計算では、原価基準法や再販売価格基準法における非関連者間の売上原価売上総利益率や売上高売上総利益率を使用することも可能ですが、実務では、前回説明した取引単位営業利益法を使って、同業他社の営業利益率を公開情報から求める方法が最も一般に使われているものと思われます。

なぜなら，分割対象利益が営業利益を基に計算されるということと，何よりそれが一番楽な方法だからです。この場合，法人及び国外関連者のそれぞれについて，製造や販売など比較的単純な機能を持つと思われる同業者をデータベースから抽出し，そこで得られた営業利益率の平均値等をもって基本的利益の計算をすることになります（移転価格事務運営要領3－7）。

移転価格事務運営要領4－7（残余利益分割法の取扱い）

　残余利益分割法の適用に当たり，措置法施行令第39条の12第8項第1号ハ(1)に掲げる金額（以下「基本的利益」という。）については，同号ハ(1)に規定する「第6項，前項又は次号から第5号までに規定する必要な調整を加えないものとした場合のこれらの規定による割合」のうち最も適切な利益指標を選定して計算することに留意する。

（注）　措置法通達66の4(3)－1の(5)に掲げる取引（筆者注：基本的利益の計算に用いる比較対象取引）が複数存在する場合の基本的利益の計算については，原則として，当該取引に係る上記の割合の平均値を用いるのであるが，当該上記の割合の分布状況等に応じた合理的な値が他に認められる場合は，これを用いることに留意する。

　　なお，上記の割合は，措置法施行令第39条の12第8項第1号ハ(1)のかっこ書きに規定する必要な調整を加えた後の割合であることに留意する。

次に残余利益の分割です。分割の仕方は寄与度利益分割法とほぼ同様と言えますが，分割要因をどうするかがここでの最大のポイントとなります。

国税庁の参考事例集によれば，残余利益等の分割要因として，無形資産の形成のために支出した費用等の額を使用する場合には，例えば，無形資産の形成活動との関係が深い次のような費用の中から関係する費用を特定することとなると説明しています（国税庁「移転価格税制の適用に当たっての参考事例集（事例22）」83ページ）。

①　特許権，製造ノウハウ等，製造活動に用いられる無形資産：研究開発部門，製造部門の関係費用等
②　ブランド，商標，販売網，顧客リスト等マーケティング活動に用いられる無形資産：広告宣伝部門，販売促進部門，マーケティング部門の関係費用等
③　事業判断，リスク管理，資金調達，営業に関するノウハウ等，上記①②以外の事業活動に用いられる無形資産：企画部門，業務部門，財務部門，営業部門等，活動の主体となっている部門の関係費用等

なお，国税庁の参考事例集では，残余利益分割法の計算過程をイメージ図で示しています（国税庁「移転価格税制の適用に当たっての参考事例集（事例22）」84ページ）。**図表２−36**に掲載しましたので参考にしてください。

(図表2-36)

[図:残余利益分割法の計算例]

前提条件
- 法人の国外関連取引に係る損益 ：40
- 国外関連者の国外関連取引に係る損益 ：60
- 法人の基本的利益（計算後） ：8
- 国外関連者の基本的利益（計算後） ：12
- 残余利益等の配分要因
  - 法人の分割要因　研究開発活動　　相対比　80%
  - 国外関連者の分割要因　広告宣伝活動：相対比　20%

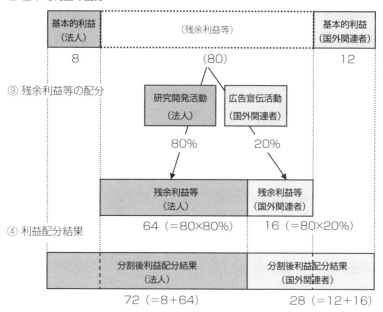

6　利益分割法　135

5 利益分割法のまとめ

　以上，利益分割法の概要を説明してきましたが，これで本当に独立企業間価格が算定できるの？という疑問が湧いてきませんか。

　比較法では，国外関連取引と比較対象取引とが本当に類似しているかどうかは議論の余地が大いにあるとしても，とにかく非関連者間の情報を使用して，独立企業間価格や利益幅を求めるので，少なくとも手順に合理性があれば，何となくそれらしく見えてきます。

　しかし，利益分割法は，利益に貢献する要因とは何か（費用の額だけでいいのか），その要因に応じて分割することがなぜ独立企業間と言えるのかといったことに対して，やや理解しづらい点が多いように思われます。

　ただ，利益分割法は，概ね企業内部の情報を基に算定できるということと，法人と国外関連者の利益水準が低いときに比較法を用いることで，ややもすると，算定結果が全体の利益を超えてしまう事態が生じ得るのに対し，利益分割法は少なくともグループ全体の利益の枠内で分割するのでその問題が生じないというメリットがあります。

　また，「無形資産」というものに対して，唯一，正面から移転価格税制上の解を示している方法でもあります。

　したがって，これらのメリットを活かすためにも，他の方法と併用して，あるいは検証手段としてこの方法を利用するのも一案です。

7 準ずる方法及び同等の方法

　ここまでの説明で，独立企業間価格の算定方法はほぼ網羅したことになります。

　ここでは，残る項目として，「準ずる方法」と「同等の方法」について取り上げます。「準ずる方法」は実務で多く用いられている反面，「準ずる」とは何かを法律で規定しているわけではないので，理解するのは少し難しいかもしれません。そこでこれからこの「準ずる方法」に重点を置いて説明していきます。

1　準ずる方法

(1)　条文の規定と通達の取扱い

　まず，条文から見ていきます。

> 租税特別措置法66条の4（国外関連者との取引に係る課税の特例）第2項
> 　前項に規定する独立企業間価格とは，国外関連取引が次の各号に掲げる取引のいずれに該当するかに応じ当該各号に定める方法のうち，当該国外関連取引の内容及び当該国外関連取引の当事者が果たす機能その他の事情を勘案して，当該国外関連取引が独立の事業者の間で通常の取引の条件に従って行われるとした場合に当該国外関連取引につき支払われるべき対価の額を算定するための最も適切な方法により算定した金額をいう。
> 　一　棚卸資産の販売又は購入　次に掲げる方法
> 　　イ　独立価格比準法（括弧内省略）

ロ　再販売価格基準法（括弧内省略）
　　ハ　原価基準法（括弧内省略）
　　ニ　イからハまでに掲げる方法に準ずる方法その他政令で定める方法
二　略

租税特別措置法施行令39条の12（国外関連者との取引に係る課税の特例）第8項

　法第66条の4第2項第1号ニに規定する政令で定める方法は，次に掲げる方法とする。
一　（略……利益分割法）
二～五　（略……取引単位営業利益法）
六　前各号に掲げる方法に準ずる方法

　上の条文のとおり，これまで説明してきた独立企業間価格の算定方法には，それぞれ準ずる方法があることがわかります（条文網かけ部分）。
　これを並べてみると次のようになります。
①　独立価格比準法に準ずる方法
②　再販売価格基準法に準ずる方法
③　原価基準法に準ずる方法
④　（比較・寄与度・残余）利益分割法に準ずる方法
⑤　取引単位営業利益法に準ずる方法
このうち，⑤については次のような通達があります。

租税特別措置法関係通達66の4(6)-1（準ずる方法の例示）

　措置法令第39条の12第8項第2号から第5号までに掲げる方法に係る同項第6号に規定する「準ずる方法」とは，例えば，次のような方法がこれに該当する。
(1)　国外関連取引に係る棚卸資産の買手が当該棚卸資産を用いて製品等の

製造をし，これを非関連者に対して販売した場合において，当該製品等のその非関連者に対する販売価格から次に掲げる金額の合計額を控除した金額をもって当該国外関連取引の対価の額とする方法
　　イ　当該販売価格に措置法令第39条の12第8項第2号に規定する比較対象取引に係る営業利益の額の収入金額に対する割合を乗じた計算した金額
　　ロ　当該製品等に係る製造原価の額（当該国外関連取引に係る棚卸資産の対価の額を除く。）
　　ハ　当該製品等の販売のために要した販売費及び一般管理費の額
(2)　一方の国外関連者が法人から購入した棚卸資産を他方の国外関連者を通じて非関連者に対して販売した場合において，当該一方の国外関連者と当該他方の国外関連者との取引価格を通常の取引価格に引き直した上で，措置法令第39条の12第8項第2号又は第4号（筆者注：取引単位営業利益法のうち売上高営業利益率及びベリーレシオを用いる方法）に掲げる算定方法に基づいて計算した金額をもって当該法人と当該一方の国外関連者との間で行う国外関連取引に係る対価の額とする方法

　この通達の(1)は，国外関連取引に係る棚卸資産の買手が，その棚卸資産を用いて製造をした製品等を非関連者に販売している場合に，取引単位営業利益法をどう適用することができるかということに関する取扱いです。

　5で取引単位営業利益法を説明しましたが，取引単位営業利益法は，国外関連取引が購入の場合，買手の再販売価格（販売収入）から比較対象企業の売上営業利益率を基に計算した営業利益（独立企業水準の営業利益）及び販管費を差し引くことで独立企業間価格を算定する方法でした（**図表2-37左側参照**）。したがって，取引単位営業利益法は，比較的単純な販売機能をもつ買手に対して，類似商品に係る同様の販売機能をもつ会社を比較対象企業として並べるというのが，その方法において最もイメージしやすいわけです。

(図表2-37)

【取引単位営業利益法】	【取引単位営業利益法に準ずる方法】
独立企業間価格（購入価格） 販売費及び一般管理費 独立企業水準の営業利益 ｝販売収入	独立企業間価格（購入価格） 製造原価 販売費及び一般管理費 独立企業水準の営業利益 ｝販売収入

　では，買手に製造機能があると取引単位営業利益法が使用できないのでしょうか。もしそうだとすると，この方法が適用可能な国外関連取引はかなり限られてしまい，公開データから国外関連取引の価格を検討できるという最大のメリットを活かせないことになってしまいます。そこで，製造機能を持つ買手に対しても，この方法が使用できるように，販売価格から独立企業の営業利益と買手の販管費にさらに製造原価（ただし，国外関連取引の部分は当然除きます）を控除することで独立企業間価格を計算することができることを明らかにしたわけです（**図表2-37右側参照**）。取引単位営業利益法の条文では，販売収入から製造原価を控除するとは書いていないので，取引単位営業利益法に準ずる方法として位置付けています。

　しかし，ただでさえ比較可能性に危うさをもつ取引単位営業利益法で，同じような製造機能をもつ類似製品の製造販売会社を比較対象として並べるのは易しいことではありません。比較可能性という観点からするとかなりアバウトなものになる可能性があります。

　通達の(2)は，法人が国外関連者A社に商品を輸出するという国外関連取引がある場合，国外関連者A社がさらに国外関連者B社にこの商品を販売し，国外関連者Bが非関連者に販売するといういわゆる連鎖取引に対する取扱いです。

こういったケースでまずやらなくてはならないことは，A社とB社との間で行われている取引価格を通常の取引価格に引き直すということです。つまり，A－B間で取引単位営業利益法を用いて，A社の本来あるべき販売収入を算定し，それを基に，法人とA社との取引（国外関連取引）に対して，取引単位営業利益法を適用するわけです。やや乱暴な説明にはなりますが，例えば，A社が卸売業，B社が小売業を営んでいるとすると，同市場における類似商品を扱う小売業者の売上営業利益率を用いてB社の購入価格，つまりA社の販売価格を計算し，その上で，類似商品を扱う卸売業者の売上営業利益率を用いてA社の購入価格，つまり，国外関連取引の通常の価格を計算するということになります（図表２－38参照）。

（図表２－38）

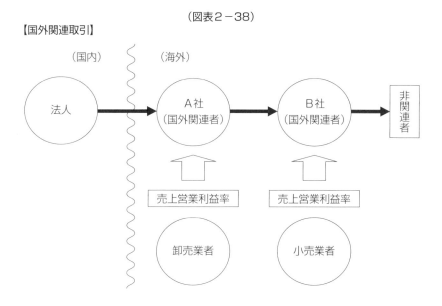

　取引単位営業利益法の条文では，グループ企業内で行われる連鎖取引については規定していないので，上述のような方法は，取引単位営業利益法に準ずる方法として位置付けられます。
　なお，この方法は，営業利益ではなく，粗利を用いることで再販売価格基準

法に準ずる方法への応用が可能です。ただし，海外市場において国外関連者の同業他社の情報を収集するには公開情報（データベース）に頼らざるを得ないことから，内部比較対象取引がない場合には，かなり比較可能性を緩めたきめの粗い再販売価格基準法にならざるを得ず，これを「準ずる方法」として位置付けるには，条文解釈上，やや問題があるのではではないかと考えられます（2参照）。

(2) 国税庁事務運営要領の取扱い

① 金銭の貸借取引

> 移転価格事務運営要領　第3章　調査
> 3-7（独立価格比準法に準ずる方法と同等の方法による金銭の貸借取引の検討）
> 　法人及び国外関連者が共に業として金銭の貸付け又は出資を行っていない場合において，当該法人が当該国外関連者との間で行う金銭の貸付け又は借入れについて調査を行うときは，必要に応じ，次に掲げる利率を独立企業間の利率として用いる独立価格比準法に準ずる方法と同等の方法の適用について検討する。
> (1)　国外関連取引の借手が，非関連者である銀行等から当該国外関連取引と通貨，貸借時期，貸借期間等が同様の状況の下で借り入れたとした場合に付されるであろう利率
> (2)　国外関連取引の貸手が，非関連者である銀行等から当該国外関連取引と通貨，貸借時期，貸借期間等が同様の状況の下で借り入れたとした場合に付されるであろう利率
> (3)　国外関連取引に係る資金を，当該国外関連取引と通貨，取引時期，期間等が同様の状況の下で国債等により運用するとした場合に得られるであろう利率
> 　　(注)1　(1),(2)及び(3)に掲げる利率を用いる方法の順に，独立企業原則

　　　　に即した結果が得られることに留意する。
　　2　(2)に掲げる利率を用いる場合においては，国外関連取引の貸手における銀行等からの実際の借入れが，(2)の同様の状況の下での借入れに該当するときには，当該国外関連取引とひも付き関係にあるかどうかを問わないことに留意する。

　この通達は，例えば，日本の親会社が海外の子会社に事業資金を貸し付けている場合に，税務調査で調査官が移転価格税制上その利息をどのように検討するのかということについてその方法を示している通達です。したがって，その内容は，当局が独立企業間の利率とはどういうものかを説明している通達にもなっています。まず，この事務運営要領の網かけ部分に注目してください。この取扱いは，当事者が金融を本業としている場合には適用されません。なぜなら，金銭の貸付けを業としているのであればそもそも独立企業間の取引はたくさんあると考えられるからです。つまり，この事務運営要領は，比較対象となりそうな独立企業間の取引がなかなか見つからないことを前提として調査官がどのように独立企業間の利率を認定するかを示しているわけです。
　まず，資金の借手（先の例では，海外子会社）が現地の銀行から借り入れたとした場合の利率に関する情報がないかどうかを確認します。これは，必ずしも実際に銀行から借りているかどうかではありません。借りるとすれば利率はどのくらいになるのかといったことがわかるような現地の銀行とのやりとりに関する資料等があれば参考になります。この利率がわかれば，借手の信用力を反映した独立企業間の利率にかなり近づきます。ただ，コスト面も含めて現地で借りることが現実的ではないために親会社が貸すのでしょうし，借りるとしても親会社の保証がなければ借りられないのが普通でしょうから，調査官の立場からすると，前記事務運営指針の(1)は実際の情報収集が困難である場合が多いものと思われます。そこで(2)に移るわけですが，今度は，資金の貸手（先の例では，日本の親会社）の銀行からの借入利率を参考にすることになります。ここで，貸手側の借入利率をあてはめることに違和感を覚える方がおられるか

もしれません。一般に親会社の方が子会社よりも信用力が高いという点を踏まえると，親会社に付される利率は子会社よりも低くなるものと思われます。ここは，独立企業間の比較対象取引が見当たらない場合において子会社が負担すべき最低限の利率を算定することで保守的な認定をしていこうということではないかと思われます。

親会社が銀行等からの借入れが全くない，あるいは情報が得られない場合には，上記(2)は使えません。そうなると(3)の国債等の運用利率を参考にすることになります。これは，子会社に対する資金を仮に運用した場合にはどれくらいの利率が得られるかという「機会原価」的な発想からきている手法です。上記事務運営要領の注書きで(1)→(2)→(3)の順で独立企業原則に即した結果が得られるという記述がありますが，これは，調査に当たっては，この順番で検討せよと指示していることを意味します。実際の調査では内国法人が海外子会社に対して貸し付けている取引に対して調査する場合が多いので，(2)の手法を用いて認定するケースがほとんどではないかと思われます。

これらの方法は，独立価格比準法ではなく，独立価格比準法に準ずる方法（と同等の方法）であるとしています。なぜなら，具体的な比較対象取引から利息をもってくるのではなく，次に述べるように市場金利等を基にした客観的なデータから独立企業間であることを説明しようとしているからです。

具体的な金利の求め方で注意しなければいけない点は，前記事務運営要領の～～～線部分です。これについては，国税庁の「移転価格税制の適用に当たっての参考事例集」13ページに参考事例がありますので紹介しましょう（**図表２－39**）。

図表２－39のとおり，日本法人Ｐ社は，国外関連者Ｓ社に対して期間10年，年利３％の条件で，Ｘ国通貨建てにより貸付けを行っています。

まず，上記事務運営要領の(1)に必要な情報は得られないとした上で，(2)の検討をします。事例では，日本法人Ｐ社は銀行からスプレッド0.7％で借りていることが明らかとなっています。スプレッドというのは，銀行が行う「スプレッド融資」で，金融機関の市場から調達する利率（銀行金利）に事務経費や

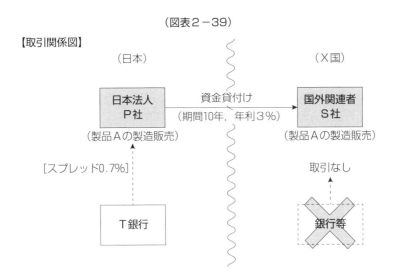

(図表2−39)

借手の信用リスクを加味して付加される上乗せ金利のことです。この日本法人のスプレッドの情報とともに「貸付日における期間10年のX国通貨に係る金利スワップレート」の情報を入手します。

金利スワップレートとは、国際金融市場において示された、短期金利と交換可能な長期金利の水準を示すものです。経済新聞の金利欄や各種データベース等で容易に調べることができます。事例では、スワップレートは5％だとしています。

この結果、上記事務運営要領の(2)の取扱いで算定される利率は、5％＋0.7％＝5.7％ということになり、これが独立企業間の利率だとしています。つまり、金融機関が日本法人P社に国外関連取引と同様の条件で貸し付けるとした場合には、金融機関が市場から10年間の固定金利5％で調達し、それにスプレッド0.7％を上乗せした利率となることが推認されるわけです。

この方法を用いて独立企業間の利率を検討する場合のポイントは、「X国通貨」に係る金利スワップレートを使うということです。通常P社は銀行借入れを円で行っているので、つい「円金利」を使いがちですが、通貨によって調達金利は異なりますので、国外関連取引における通貨と合わせる必要があります。

② 役務提供取引

> **移転価格事務運営要領　第3章　調査**
> ３－10（原価基準法に準ずる方法と同等の方法による役務提供取引の検討）
> (1) 法人が国外関連者との間で行う役務提供のうち，当該法人又は当該国外関連者の本来の業務に付随した役務提供について調査を行う場合には，必要に応じ，当該役務提供の総原価の額を独立企業間価格とする原価基準法に準ずる方法と同等の方法の適用について検討する。
> 　この場合において，本来の業務に付随した役務提供とは，例えば，海外子会社から製品を輸入している法人が当該海外子会社の製造設備に対して行う技術指導等，役務提供を主たる事業としていない法人又は国外関連者が，本来の業務に付随して又はこれに関連して行う役務提供をいう。また，役務提供に係る総原価には，原則として，当該役務提供に関連する直接費のみならず，合理的な配付基準によって計算された担当部門及び補助部門の一般管理費等間接費まで含まれることに留意する。
> 　（注）　本来の業務に付随した役務提供に該当するかどうかは，原則として，当該役務提供の目的等により判断するのであるが，次に掲げる場合には，本文の取扱いは適用しない。
> 　　イ　役務提供に要した費用が，法人又は国外関連者の当該役務提供を行った事業年度の原価又は費用の額の相当部分を占める場合
> 　　ロ　役務提供を行う際に無形資産を使用する場合等当該役務提供の対価の額を当該役務提供の総原価とすることが相当ではないと認められる場合
> (2) 略

　この事務運営要領は，すでに第1章3「移転価格税制と寄附金課税」で紹介しています。

　この取扱いは，本来の業務に付随した役務提供が前提となっています。通達

では，製品を輸入している法人がその製品の製造を行う子会社への技術指導等として説明されています。このような取引においては，法人は，通常，国外関連者からの製品の輸入及び同製品の販売という商流の中で利益が確保されるのであり，技術指導はそのためのコストとして位置付けられるものと思われます。そして，このような技術指導に比較対象取引を求めるのは一般には極めて困難です。本業としての役務提供ではないため，内部の比較対象取引はまずあり得ないし，本業として役務提供を行っている比較対象取引を外部に求めることも合理的ではないからです。しかし，いくら付随業務であるといってもそれが国外関連取引であることには変わりないので移転価格税制の問題が出てきます。前記の事務運営要領では，役務提供に要したコストをもって独立企業間価格とする旨が記載されています。コスト（総費用）をもって価格とするということは，通常の利潤の額を加味しないことを意味します。したがって，この方法は，原価を基に計算するにしても原価基準法ではあり得ないことから，原価基準法に準ずる方法（と同等の方法）と位置付けています。

　この方法の適用事例については国税庁の「移転価格税制の適用に当たっての参考事例集（事例5）」24ページにありますので紹介します。図表2－40の取引関係図をご覧ください。この事例での付随業務は，製造設備の保守・点検等ということですが，調査官が収集できる範囲の情報からは，独立価格比準法と同等の方法，独立価格比準法に準ずる方法と同等の方法及びP社を検証対象の当事者とする原価基準法と同等の方法を適用する上で比較対象取引の候補がなかったとしています。そして，その上で，この役務提供の総原価の額にマークアップを行わず独立企業間価格とする「原価基準法に準ずる方法と同等の方法」が妥当であるとしています。

　そして，総原価の額は，出張に係る旅費，交通費，滞在費，出張者の出張期間に対応する給与・賞与・退職給付費用，その他出張に要した費用等の直接費と，合理的な基準で配付される間接費（担当部門及び補助部門の一般管理費等）の合計額となると解説しています。出張者に直接ひもが付かない共通費用については，人数等で按分するなどの方法で計算することが考えられます。

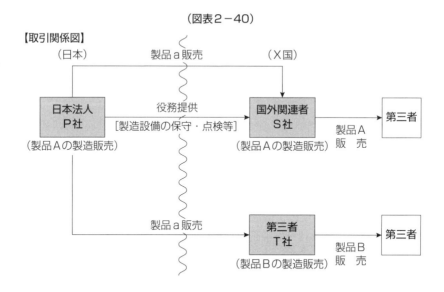

(図表2-40)

2 準ずる方法とは何か

　以上，準ずる方法に関する取扱いを法令解釈通達と事務運営要領を中心に見てきました。これらの取扱いから準ずる方法には概ね次の3つがあることがわかります。

① 措置法の条文には直接規定されていないが，条文で規定されている方法と同様の比較対象取引を用いて独立企業間価格を算定する方法（措置法通達で示されている方法）

② 比較対象取引は直接見当たらないが，市場情報等から客観的に独立企業間の価格を導くことができる方法（金融市場や商品市場などの相場から客観的な価格を求めて比較対象とする方法）

③ 比較対象取引が見当たらないため，総原価の額をもって独立企業間価格とする方法（事務運営要領の付随業務としての役務提供取引で示されている方法）

①については，いわゆる比較法のほかに，棚卸資産の売買と製造ノウハウの使用許諾が一体として行われれていることからこれらを一の取引として残余利益分割法を適用する残余利益分割法に準ずる方法などが含まれます（国税庁「移転価格税制の適用に当たっての参考事例集」【事例8】45ページ参照）。なお，詳しい説明は省略しますが，コンピュータソフトウェアの製品の販売支援という役務提供取引に対して，ソフトウェアの仕入販売という再販売取引を比較対象取引として再販売価格基準法に準ずる方法（と同等の方法）により当局が行った課税に対し，法人と比較対象法人とがその果たす機能において看過し難い差異があるとしてこれを取り消した事件があります（東京地判19.12.7請求棄却，東京高判20.10.30原判決取消し（確定））。この事件で当局が使用した方法は上述の①の分類に属する方法かと思いますが，役務提供取引に対して棚卸取引を比較対象とすることには比較可能性の観点からかなりハードルが高いと言えそうです。

　なお，比較可能性という観点から上記①〜③を見ると次のように言えるのではないかと思います。

　まず，①は，実態はともかく，少なくとも条文や通達上では他の独立企業間価格算定方法と比べて比較可能性を緩めているものではないと言えます。また，②はやや行政上の便宜を図っている部分はありますが，市場情報を使用するということから，抽象的ではあれ独立企業間の比較対象としての性格を損なうものではなく比較可能性は担保されていると考えられます。

　③は，単にコストカバーであればよいという方法であり比較対象取引を全く無視している点で，移転価格税制の手法として位置付けることができるかは疑問です。基本三法に準ずる方法とは「基本三法と同様の考え方から乖離しない合理的な方法をいう（同判決）」わけですから，何らかの方法で独立企業間であることが説明できない限り移転価格税制の手法とはいえないのではないかというのが筆者の考えです。第1章3でも触れましたが，このような課税手法が中小企業にまで拡大しているのではないかと危惧されるところです。調査に当たっては付随業務に係る対価だけを問題とするのではなく，本業と一体として

利益を観察する広い視野が必要ではないかと思われます。

3 同等の方法とは何か

すでに①で幾度となく「同等の方法」がでてきたので今更の感がありますが，一応説明しておきます。一口でいうと，棚卸資産の取引以外の取引に係る独立企業間価格の算定方法です。その方法は，これまで説明してきた方法と同じです。したがって，今まで説明してきた各方法の後ろに「……と同等の方法」という言葉を付け加えればよいということになります。

租税特別措置法66条の4（国外関連者との取引に係る課税の特例）第2項

　前項に規定する独立企業間価格とは，国外関連取引が次の各号に掲げる取引のいずれに該当するかに応じ当該各号に定める方法のうち，当該国外関連取引の内容及び当該国外関連取引の当事者が果たす機能その他の事情を勘案して，当該国外関連取引が独立の事業者の間で通常の取引の条件に従って行われるとした場合に当該国外関連取引につき支払われるべき対価の額を算定するための最も適切な方法により算定した金額をいう。

一　棚卸資産の販売又は購入　次に掲げる方法
　イ　独立価格比準法（括弧内省略）
　ロ　再販売価格基準法（括弧内省略）
　ハ　原価基準法（括弧内省略）
　ニ　イからハまでに掲げる方法に準ずる方法その他政令で定める方法
二　前号に掲げる取引以外の取引
　　同号イからニまでに掲げる方法と同等の方法

なお，同等の方法については，次の通達があります。

> **租税特別措置法関係通達66の4(7)－1（同等の方法の意義）**
>
> 　措置法第66条の4第2項第2号に規定する「同等の方法」とは，有形資産の貸借取引，金銭の貸借取引，役務提供取引，無形資産の使用許諾又は譲渡の取引等，棚卸資産の売買以外の取引において，それぞれの取引の類型に応じて同項第1号に掲げる方法に準じて独立企業間価格を算定する方法をいう。

　この通達のとおり，棚卸資産以外の取引について棚卸資産の取引で規定されている各方法に準じて独立企業間価格を算定しますから，例えば，金銭の貸借取引について独立価格比準法と同等の方法を適用する場合には，「比較対象取引に係る通貨が国外関連取引に係る通貨と同一であり，かつ，比較対象取引における貸借時期，貸借期間，金利の設定方法，借手の信用力，担保及び保証の有無その他の利率に影響を与える諸要因が国外関連取引と同様であることを要することに留意する。」（措通66の4(7)－4）ということになります（金融を業としない者にとってはこれがなかなか難しいので1で説明した「独立価格比準法に準ずる方法と同等の方法」を適用することになるわけです）。

　同等の方法については，このくらいで終わりにします。

8　各種算定方法の適用

　さて，これまでで独立企業間価格の算定方法を一通り説明しました。いかがだったでしょうか。「それぞれの算定方法は何となくわかったが，我が社の国外関連取引は，結局どの方法を当てはめて独立企業間価格を算定すればよいのかちっともわからん」というのが本音ではないでしょうか。
　ここでは，いままで説明してきた独立企業間価格の算定方法をどのように適用させるのかといった点について取り上げたいと思います。
　実はここが独立企業間価格の算定方法の理解の中で最も難しい部分であり，おそらく，日頃，移転価格分野を中心に活躍されている専門家の方々の仕事の中心部分を占める問題と思われます。

1　最適方法ルール

　これは第2章1「独立企業間価格の算定方法の概要（総論）」で少し触れましたが，覚えておられますか。条文を一見すると，独立企業間価格の算定方法の適用に当たっては，いままで説明してきた各種の独立企業間価格算定方法に優先順位をつけることなく，最適な方法を適用するように書かれています。もう一度条文を見てみましょう。

> 租税特別措置法66条の4（国外関連者との取引に係る課税の特例）第2項
> 　前項に規定する独立企業間価格とは，国外関連取引が次の各号に掲げる取引のいずれに該当するかに応じ当該各号に定める方法のうち，当該国外

> 関連取引の内容及び当該国外関連取引の当事者が果たす機能その他の事情を勘案して，当該国外関連取引が独立の事業者の間で通常の取引の条件に従って行われるとした場合に当該国外関連取引につき支払われるべき対価の額を算定するための最も適切な方法により算定した金額をいう。
> 一，二　省略

　ここで，大事な点は，最も適切な方法により独立企業間価格を算定するためには，「国外関連取引の内容及び国外関連取引の当事者が果たす機能その他の事情」を勘案する必要があるということです。言い方を変えると必ずしも「自分達に都合がいい方法」を適用するわけではないということです。

　我が国の移転価格税制が最適方法ルールを採用したのは，平成23年度の税制改正からです。背景にはOECDガイドラインがそれまで設けていた独立企業間価格の算定方法の優先順位を見直し，最適方法ルールを採用したことがあります。

　平成23年度の税制改正前までは，独立価格比準法，再販売価格基準法及び原価基準法という「基本三法」を優先的に適用し，この基本三法が適用できない場合に限り，基本三法に準ずる方法，利益分割法及び取引単位営業利益法を用いることができることとされていました。例えば，利益分割法を採用する場合には，基本三法が適用できない理由を明らかにする必要があったわけです。改正後は，そのような優先順位がなくなりましたので，取引単位営業利益法や利益分割法を採用する場合，基本三法が使用できない理由をいちいち明らかにする必要はなくなったように条文上では読めます。逆に，「最も適切な方法」となったがために，他の全ての方法よりも優れていることを証明しなければならないのではないかとの疑義が生じます。

　しかし，必ずしもそうではないことをこれから説明します。

2 最適方法ルールの考え方

最適方法ルールを適用するに当たっては，次の解釈通達が示されています。第2章1④でも引き合いに出したあの難解な通達です。

租税特別措置法関係通達66の4⑵－1　（最も適切な算定方法の選定に当たって留意すべき事項）

　措置法第66条の4第2項に規定する「最も適切な方法」の選定に当たり，同項の「当該国外関連取引の内容及び当該国外関連取引の当事者が果たす機能その他の事情を勘案して」とは，国外関連取引（括弧内省略）及び非関連者間取引（括弧内省略）に係る66の4⑶－3に掲げる諸要素並びに次に掲げる点を勘案することをいうのであるから留意する。

⑴　独立企業間価格（括弧内省略）の算定における同条第2項各号に掲げる方法（以下「独立企業間価格の算定方法」という）の長所及び短所

⑵　国外関連取引の内容及び当該国外関連取引の当事者が果たす機能等に対する独立企業間価格の算定方法の適合性

⑶　独立企業間価格の算定方法を適用するために必要な情報の入手可能性

⑷　国外関連取引と非関連者間取引との類似性の程度（当該非関連者間取引について，措置法規則第22条の10第1項第2号ホに規定する差異調整等を行う必要がある場合には，当該差異調整等に係る信頼性を含む）

この解釈通達は，OECDガイドラインの次のパラグラフに対応します。

第2章　移転価格算定方法　第1部：移転価格算定方法の選択　A　事案の状況に最も適した移転価格算定方法の選択

2.2　移転価格算定方法の選択は，特定に事案において最も適切な方法を見出すことを常に目指している。このため，選択プロセスにおいては，OECDが認めた各方法の長所と短所，特に機能分析によって判断さ

れる関連者取引の性質に照らした方法の妥当性，選択された方法又はその他の方法を適用するのに必要な（特に，非関連の比較対象に関する）信頼できる情報の利用可能性，そして，関連者間取引と非関連者間取引との比較可能性の程度（両者の重要な差異を除去するために必要となる比較可能性の調整の信頼性を含む）を考慮に入れるべきである。全ての起こりうる状況に適用できるような方法は一つも存在せず，特定の方法が状況に適さないということを証明する必要もない。

　これらをみると，上記解釈通達の(1)から(4)は，OECDガイドラインの記載内容をそのまま持ってきたことがわかります（だから分かりにくいのかもしれません）。

　ここでまず取り上げたいのは，「独立企業間価格算定方法の長所及び短所」のうちの「長所」についてです。

　OECDガイドラインでは，伝統的取引基準法（基本三法）は直接的に国外関連取引を独立企業間の条件に設定できるので，伝統的取引基準法と取引単位利益法（利益分割法及び取引単位営業利益法）との双方が同等の信頼性をもって適用可能な場合には伝統的取引基準法の方が取引単位利益法よりも望ましいとしています（パラ2.3）。

　これを受けて，移転価格事務運営要領でも次のように基本三法の適用上の優位性を明らかにしています。

移転価格事務運営要領　第4章　独立企業間価格の算定等における留意点
4－2　（独立企業間の算定における基本三法の長所）
　独立企業間価格の算定方法のうち，国外関連取引と比較対象取引の価格を直接比較する独立価格比準法（括弧内省略）は，独立企業間価格を最も直接的に算定することができる長所を有し，また，売上総利益に係る利益率（括弧内省略）に基づき算定された価格を比較する再販売価格基準法及び原価基準法（括弧内省略）は，独立価格比準法に次いで独立企業間価格

> を直接的に算定することができる長所を有することに留意する。
>
> 　したがって，最も適切な方法の選定に当たり，措置法通達66の４(2)－１の(1)から(4)までに掲げる点等を勘案した結果，最も適切な方法の候補が複数ある場合において，独立価格比準法の適用における比較可能性が十分であるとき（括弧内省略）は，上記の長所により独立価格比準法の選定が最も適切となり，また，独立価格比準法を選定することはできないが，再販売価格基準法又は原価基準法の適用における比較可能性が十分であるときは，上記の長所により再販売価格基準法又は原価基準法の選定が最も適切となることに留意する。

　つまり，条文では各算定方法を並列的に扱い，そのうち最も適切なものを選択するように読めますが，先の解釈通達と，上記の事務運営要領を合わせ読むことにより，算定方法の選択にあたり勘案すべき事項を勘案した結果，いくつかの方法が適用可能である場合には，最終的に各算定方法の「長所」で判断し，第一順位「独立価格比準法」，第二順位「再販売価格基準法又は原価基準法」でいけ，というように当局では取り扱っていることになるわけです。

　したがって，準ずる方法，取引単位営業利益法及び利益分割法の適用には，従来と同様「基本三法を適用することができなかった」ということが前提とされていることから，これらの方法を採用する場合には，基本三法が適用できない理由を明らかにしておくということが実務上は要請されていると理解すべきと思われます（もっとも，そうしていなかったとしても違法とまでは言えないのではないかというのが筆者の考えです）。

　また，最も適切な方法を選択する必要から，他の方法よりも優れていることを証明する必要があるかどうかという点については，OECDガイドラインでは「移転価格算定方法の選択は常に個々の事案に最も適切な方法を見出すことを目指すべきであるというパラグラフ2.2の指針は，個々の事案において，最も適切な選択に辿り着くのに，全ての移転価格算定方法の詳細な分析又は検証を行うべきであるということを意味するものではない（パラ2.8）。」と記載され

ています。このことと，先に掲げたパラ2.2の波線部分とを合わせ読むと，自ら選択した方法が合理的である理由を明らかにしておけば十分で，他の手法が合理的でないことを自ら証明することまでは求められていないということが指摘できるかと思います（ただし，繰り返しになりますが，基本三法以外の方法を用いる場合には，基本三法が使えない理由を明らかにしておくことが望ましいと考えます）。

　もっとも，最適方法ルールの適用に当たっての上述の考え方に対しては，必ずしも司法判断が下されているわけではなく，OECDガイドラインとそれをそっくりもってきている通達と事務運営要領から導かれた答えに過ぎないことは念頭に置くべきでしょう。

3　最適方法ルールの検討内容

　それでは，先に掲げた解釈通達で掲げている勘案事項についてもう少し検討しましょう。

　解釈通達では勘案する事項として次の5つを掲げています。
① 国外関連取引と比較対象取引における措置法関係通達66の4(3)-3に掲げる諸要素
② 各独立企業間価格算定方法の長所及び短所
③ 国外関連取引の内容と当事者が果たす機能に対する算定方法の適合性
④ 独立企業間価格算定方法を適用するための情報の入手可能性
⑤ 国外関連取引と比較対象取引候補との類似性の程度

　この中で，①は，比較対象取引を見つけるために検討すべき項目である棚卸資産の種類や役務の内容等，売手又は買手の果たす機能，契約条件，市場の状況，売手又は買手の事業戦略といったものです。これらを勘案しろというのは，言い換えると，これらの事項を把握して国外関連者の類似性の程度や算定方法の適合性を検討しろということです。また，そのための情報が入手できるかどうかも手法の選択に大きく影響します。つまり，①は③④⑤を勘案するために

把握しておくべき事項というわけです。

次に、④の情報の入手可能性については、基本三法では、一般に内部の比較対象取引がある場合には比較的入手しやすい半面、外部比較対象取引では大変難しいということはすでに説明したところです（第2章2～4参照）。一方、取引単位営業利益法では公開情報を基にしますので情報入手は比較的容易です（第2章5参照）。また、利益分割法も基本的に取引当事者内の情報を基に算定しますので分割要因さえ的確に判断できれば、情報入手の難易度という観点からはさほど高いわけではありません。このように、情報の入手可能性は、各算定方法の長所又は短所として説明することが可能であり、②の問題として整理することができます。

また、⑤の類似性という言葉は比較可能性という言葉に置き換えることができます。基本三法を適用する場合に、比較対象取引に相当する非関連者間の取引があり、必要な差異調整も行われれば、その非関連者間取引はまさに比較可能性が高いと言えます。それに比べ、取引単位営業利益法は、独立企業間価格の算定が間接的（次項参照）とならざるを得ない分、基本三法ほどの高みには至らないものと思われます。これらも、各手法の長所と短所として説明することが可能であり、②の問題として整理することができます。

そこで、残る問題として、2で掲げた移転価格事務運営要領で基本三法の長所として説明されている「独立企業間価格を直接的に算定できる」とする意味及び各算定方法の適合性の問題（上記③）について説明します。

(1) 基本三法の「長所」としての「直接的」の意味

先に示した事務運営要領では、基本三法の長所として独立企業間価格を「直接的」に算定できることを指摘していますが、この「直接的に算定できる」とはどのような意味なのでしょうか。独立価格比準法では、比較対象取引に付されている価格をそのままもってくるので、まさに「直接的」と言えそうです。また、再販売価格基準法と原価基準法は、当局によると、「販売価格が売上総利益と原価により構成され、売上総利益が価格と近接した関係にある」から直

接的であるというややわかりにくい説明となっています（国税庁「移転価格税制の適用に当たっての参考事例集（事例1）」7ページ）。この点，OECDガイドラインでは，（比較対象取引の粗利から計算した）比較可能な価格を関連取引に直接代替することで関連取引を独立企業間の条件に設定することができることが「直接的」である理由としています（パラ2.3）。つまり「直接的に算定できる」というのは，比較対象取引からそのまま価格（原価基準法や再販売価格基準法では，粗利から取引価格を計算したその価格）をあてはめることで，その価格が独立企業間価格であることの「確からしさ」がストレートに説明できるということを意味していると考えられます。

一方，取引単位営業利益法は，当局によると「営業利益は売上総利益のように価格に近接した関係にはなく，独立企業間価格の算定は基本三法と比較して間接的なものとなる。」と説明しています（同参考事例集（事例1）7ページ）。一般に営業利益は機能の差異の影響を粗利よりも受けにくいとされています。つまり，取引当事者間の機能の差が粗利に影響を与えても，その機能の差は営業費用の差異となって表れることから，営業利益ベースでは概ね類似の水準となる可能性があるというわけです（OECDガイドライン，パラ2.62，同参考事例集（事例1）7ページ）。これは，取引単位営業利益法の適用上の長所でもあるのですが，比較可能性という意味では，基本三法では当然に行われるべき差異調整を捨象し類似性を広く捉えるという点で基本三法に劣後すると言えます。また，取引単位営業利益法は，類似性を広く捉えることで，類似企業の営業利益率を複数並べて一定の幅の中で適否を判断していく手法とならざるを得ない面があることは第2章5⑤で説明したとおりです。そして，その幅の中で平均するなどして算定された価格が独立企業間価格であるという説明は，その「確からしさ」の点で「間接的」とならざるを得ないと思われます。

それでは利益分割法はどうでしょうか。ほとんど適用事例がないと思われる比較利益分割法を除くと，寄与度利益分割法と残余利益分割法が利益分割法の手法となりますが，これらの方法の主な違いは，基本的利益を先取りするかしないかであり，所得の発生に寄与した程度を推測するに足る要因で所得を

配分する点では同じです(第2章6参照)。「所得の発生に寄与した程度を推測するに足りる要因」というのは,言葉では簡単ですが,実際にこの要因を客観的に見つけ出し数値化するのは大変困難です。結局,所得の発生や無形資産の創設に費やした金額の多寡(費用の額)を基準とせざるを得ないのが現実であることからすると,この結果分割された所得から計算される取引価格が独立企業間価格であることの「確からしさ」はやはり「間接的」であると言わざるを得ないものと思われます。

以上,各算定方法の長所と短所についてこれまで説明した内容を表にしてみました。イメージづくりの参考にしてください(図表2-41)。

(図表2-41) 各算定方法の長所及び短所

	算定方法	独立企業間価格の算定が直接的か間接的か	情報の入手可能性は高いか低いか	比較対象取引の類似性は高いか低いか
基本三法	独立価格比準法	最も直接的(◎)	内部比較対象取引がある場合は高い(◎)がない場合には低い(×)	高い(◎)
基本三法	再販売価格基準法及び原価基準法	直接的(○)		高い(○)
	取引単位営業利益法	間接的(△)	高い(○)	高いとは言えない(△)
	利益分割法	間接的(△)	高い(○)	(残余利益分割法の基本的利益部分について(△))

(注) 表中の◎及び○は長所を,△及び×は短所を示している。

(2) 算定方法の適合性

国外関連取引の内容と当事者が果たす機能に対する算定方法の適合性とは,国外関連取引の内容や当事者が果たす機能に応じて,どの算定方法に適用可能性があるかということです。この章でこれまで説明してきたことを踏まえると,一般的には次のように言えるのではないかと思います。

① 同種の棚卸資産を国外関連者だけでなく非関連者とも取引している場合には,独立価格比準法に適用可能性がある。

② 同種又は類似の棚卸資産を国外関連者だけでなく非関連者からも輸入販売している場合には，再販売価格基準法に適用可能性がある。内部比較対象取引候補がない場合には，再販売者である当社を検証対象とする取引単位営業利益法に適用可能性がある。
③ 同種又は類似の棚卸資産を国外関連者だけでなく非関連者にも輸出している場合には，原価基準法に適用可能性がある。内部比較対象取引候補がない場合には，当社を検証対象とする取引単位営業利益法に適用可能性がある。
④ 国外関連取引の当事者が無形資産を使用して独自の機能を果たしていると，その無形資産が独自であればあるほど類似性がある比較対象取引を見出すのは困難となるため，利益分割法の適用可能性が高くなる。
⑤ 金融を主たる業とはしていない法人が国外関連者に対して金銭の貸付けがある場合には，独立価格比準法の準ずる方法が，国外関連者に対して主たる業務に付随した行われる役務提供がある場合には，原価基準法の準ずる方法の適用可能性が高くなる。

また，取引単位営業利益法を適用する場合，国外関連取引の売手か買手かどちらの利益指標を用いるかという点については，なるべく機能が単純な当事者における類似企業の利益指標を用いた方が，「確からしさ」が増すということもあります。機能が複雑になればなるほど類似企業の利益率の正当性を説明していくことが困難となるからです。したがって，上記③の輸出の場合に，国外関連者が単純な販売機能しか持っていない場合には，国外関連者を検証対象とする取引単位営業利益法の適用可能性が高くなるとも言えます。

4 まとめ

以上，長々と最適方法ルールについて説明してきましたが，上記の説明で何回か「確からしさ」という言葉を用いました。

こんなことを申し上げては身も蓋もないのですが，結局のところ，「真の独

立企業間価格」は神様にしかわからないということなのです。つまり，我々にできることは，法律で定められたルールに則って，独立企業間価格であることの「確からしさ」をいかに説明するかということに尽きるのではないかと思います。その「確からしさ」の濃淡が，当局の納税者との争いの場面でも勝ち負けの決め手とならざるを得ないような気がしてなりません。

　第1章2「移転価格税制の骨格」で説明しましたが，我が国の移転価格税制は申告納税制度の下，納税者が確定申告するに当たり，国外関連取引に付された価格について自ら移転価格税制上の検討をして申告調整することが前提となっています。ここで説明した通達や移転価格事務運営要領では，各算定方法のうち独立企業間価格の算定が「直接的」か否かが選定に当たっての判断の要とされていますが，納税者の立場からすると物理的に情報が入手できるか否かから出発せざるを得ません。そうなると，繰り返しになりますが，国外関連取引に対して，まず，当事者間の内部に同様の非関連者取引があれば，基本三法の適用を検討すべきことになりますし，このような内部比較対象取引の候補がなければ，取引単位営業利益法の適用を検討することになると思います。また，自社又は国外関連者に無形資産等があり，独自の機能を果たしているために比較対象取引が見当たらないと判断される場合には，利益分割法の適用を検討していくことになると思います。

　以上，算定方法の適合性について，比較対象取引の有無を縦軸に独立企業間価格の「確からしさ」を横軸にして**図表2-42**にしてみました。図中の矢印が適合性の向きを表します。そして，それぞれの算定方法の枠は重なります。例えば，利益分割法は当事者間の情報のみで適用できることから全ての国外関連取引に適用可能ですが，比較対象取引がある場合には比較法を用いた方が「確からしさ」が増すことを示しています。

　もちろん，この図のとおりにいかないケースも多々あります。この図は，あくまでも上述した説明の範囲内での参考図ということでご理解ください。

(図表2-42) 各算定方法の適合性

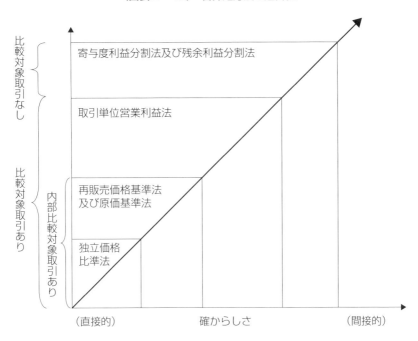

第3章

ドキュメンテーション

1　法律上の義務とその効果

　ここでのテーマは、ドキュメンテーションです。ドキュメンテーションとは、聞き慣れない言葉ですが、一般に「文書化」と訳されます。これまで説明してきたように、独立企業間価格を算定するためには、比較対象取引を選定したり、差異の調整をしたり、また、利益の獲得のために費やした費用を分析したりと、様々な作業を行う必要があります。そして、申告するに当たって、これらの作業の正当性を説明できるように根拠となる資料を作成して準備しておく必要があります。この「資料を作成して準備しておくこと」を文書化といい、移転価格税制の世界では、特に重要なテーマとして位置付けられています。

1　帳簿書類の保存義務と移転価格税制上の文書化

　もともと法人税法では、帳簿を備え付けてこれに取引の内容を記録し、取引に関して作成した書類や受領した書類とともに保存しなければならないこととされています（法法150の2）。特に、青色申告法人は、複式簿記の原則に従って仕訳帳や総勘定元帳を作成するとともに、損益計算書や貸借対照表への詳細な記載が求められています（法法126、法規53〜59）。

　また、この場合の書類とは、取引に関して、相手方から受け取った注文書、契約書、送り状、領収書、見積書その他これらに準ずる書類及び自己の作成したこれらの書類で、その写しのあるものはその写しをいいます（法規59①三、67①一）。

　これらの帳簿書類の作成及び整理保存義務は、申告納税制度の下で、実額に

よる適正な申告を担保するために必要不可欠なものであることは明らかです。つまり，取引をきちんと記録することで所得が正確に計算でき，また，その記録とやりとりをした資料を残しておくことで，所得の計算が正しいことを後で証明することができるわけです。その意味では，すでに皆さんは，法人税の申告事務を通じて「文書化」を実行しているとも言えます。

　そうすると，移転価格税制についても特段「文書化」などと言わずに，従来からある記帳義務と帳簿書類の整理保存義務で十分ではないかと思われるかもしれません。しかし，移転価格税制の場合には，法人側で保存している帳簿書類だけではだめで，国外関連者側で保存している帳簿書類も必要となることは，これまでの算定方法の説明を踏まえれば容易に想像できると思います。法律も「当局が国外関連取引に関する調査について必要があるときは国外関連者が保存する帳簿書類又はその写しの提示又は提出を求めることができる」といった規定があります（措法66の4⑩）。

　さらに，法人と国外関連者の果たす機能や負担するリスクといった情報や，商品の市場分析といった情報や，独立企業間価格の算定に比較法を用いる場合には，同業他社の取引情報や利益情報が必要となる場合があります。

　これらの情報が記載されている書類を，従来の帳簿書類として取り扱っていくにはかなり無理があります。

　そこで，移転価格税制では，「独立企業間価格を算定するために必要と認められる書類」という括りで，一般の帳簿書類の整理保存義務とは別建てで作成・保存義務を課しています。そして，作成保存を怠ると当局が一方的なやり方で税務調査を行う権限を当局に与えてペナルティの効果を持たせているのが我が国の文書化制度の特徴であると言えます（2及び3参照）。

　また，3③で説明しますが，平成28年度の税制改正により国外関連取引を行うような企業グループに対して，グループの活動状況に関する情報を当局に提供する義務が法律で定められました。前者の帳簿書類の作成保存義務に関する取扱いと後者の当局に対する情報提供義務を併せて我が国の移転価格税制に係る文書化制度と位置づけられています。

ただし，文書化制度があろうとなかろうと独立企業間価格の算定のために作成した資料は移転価格税制上大変重要なものであることは明らかです。なぜなら，前章でも少し触れましたが，独立企業間価格の正当性は価格の水準そのものというよりも，そこに至る過程（確からしさ）に求められているからです。

2　文書化の取扱い

　まず，文書化の規定から見ていきましょう。

> 租税特別措置法第66条の4（国外関連者との取引に係る課税の特例）第6項及び第7項
>
> 6　法人が，当該事業年度において，当該法人に係る国外関連者との間で国外関連取引を行った場合には，当該国外関連取引に係る第1項に規定する独立企業間価格を算定するために必要と認められる書類として財務省令で定める書類（かっこ内省略）を当該事業年度の法人税法第74条第1項（筆者注：確定申告）又は第144条の6第1項（筆者注：外国法人の確定申告）の規定による申告書の提出期限までに作成し，又は取得し，財務省令で定めるところにより保存しなければならない。
>
> 7　法人が当該事業年度の前事業年度（かっこ内省略）において当該法人に係る一の国外関連者との間で行った国外関連取引（前事業年度がない場合その他の政令で定める場合には，当該事業年度において当該法人と当該一の国外関連者との間で行った国外関連取引）が次のいずれにも該当する場合又は当該法人が前事業年度等において当該一の国外関連者との間で行った国外関連取引がない場合として政令で定める場合には，当該法人が当該事業年度において当該一の国外関連者との間で行った国外関連取引に係る第1項に規定する独立企業間価格を算定するために必要と認められる書類については，前項の規定は，適用しない。
> 　一　一の国外関連者との間で行った国外関連取引につき，当該一の国外

> 関連者から支払を受ける対価の額及び当該一の国外関連者に支払う対価の額の合計が50億円未満であること。
> 二　一の国外関連者との間で行った国外関連取引（<u>特許権，実用新案権その他の財務省令で定める資産の譲渡若しくは貸付け（資産に係る権利の設定その他の者に資産を使用させる一切の行為を含む。）又はこれらに類似する一切の行為に限る。</u>……筆者注：無形資産取引）につき，当該一の国外関連者から支払を受ける対価の額及び当該一の国外関連者に支払う対価の額の合計額が3億円未満であること。

ここでのポイントは次の2点です。

○　独立企業間価格を算定するために必要と認められる書類は確定申告書の提出期限までに作成・保存する必要があること
○　国外関連取引の規模が一定水準に達しなければ、作成・保存義務が課せられない（免除される）こと

以下，それぞれについて説明します。

(1) 同時文書化

まず，独立企業間価格を算定するために必要と認められる書類をいつ作成し保存するのかということについてですが，上の条文では，「確定申告書の提出期限まで」とされています。このように，確定申告書の作成・提出と同時に移転価格に関する文書を備えることを一般に「同時文書化」と呼ばれています。

2で詳しく説明しますが，独立企業間価格を算定するために必要と認められる書類のうち，例えば，取引に関する契約書や覚書などは取引段階で交わされる書類ですし，切り出し損益や法人及び国外関連者の機能・リスクの分析に関する書類についても，値決め時点で機能・リスクに応じた価格の検討をしていれば，まさに取引段階ですでに作成される書類です。したがって，文書化の中心となるこれらの書類は，取引時点で作成してあるものも少なからずあるので

はないでしょうか。また，当局側もそこに期待しているのも事実です。なぜなら，これらの書類がすでに作成されていれば税務調査で提示・提出を求めたときにすぐに対応してもらえる可能性が高いからです。

　また，理屈からすれば，同時文書化は申告納税制度の上から理にかなっているとも言えます。つまり，我が国の移転価格税制は，法人が国外関連取引について移転価格税制上の検討を行い，もし所得が国外関連者に移転しているというのであれば別表四で加算調整して申告納税する（第1章2参照）という制度です。したがって，申告時までにこれらの書類を作成して移転価格税制上の検討を済ませておくというのが制度の前提となっていると言わざるを得ないわけです。

　とはいえ，実務上は，いちいち税法に合わせて取引をしているわけではないので，文書作成が後手に回ることもあります。その場合の法的効果は③で詳述します。

(2) 同時文書化義務の免除

　次に，同時文書化義務の免除について説明します。先の条文では前年度における一の国外関連者との取引が次の要件を満たせば同時文書化義務が課されないこととされていることがわかります。

　　イ　受取金額と支払金額の合計（ロも含めます）が50億円未満であること
　　ロ　無形資産取引に係る受取金額と支払金額の合計が3億円未満であること

　上述のとおり，受取金額と支払金額の合計でみますので，それぞれの対価を相殺して計上している場合でも相殺しない金額（取引の総額）で判定することになります。

　また，無形資産取引とは，無形資産の譲渡，貸付け，権利の設定，使用許諾といった取引が該当します（平成28年10月国税庁「移転価格税制に係る文書化制度（FAQ）」問73参照）。どのような資産が無形資産かということについては，上の条文では，「特許権，実用新案権その他の財務省令で定める資産」とされており，「その他の財務省令で定める資産」とは，「無形固定資産その他の

無形資産」であるとされています（措規22の10④）。また，国税庁のＦＡＱでは，措置法通達66の4(3)－3の注1や事務運営要領3－8・3－11を参考にしろと書いてあります（同ＦＡＱ問74）。これらを総合すると，法人税法で規定する無形固定資産（法令13八）のほか，技術に関する権利，特別の技術による生産方式，著作権，営業秘密，企業活動における経験等を通じて形成されたノウハウ，取引網などかなり広範なものであることがわかります。無形資産に対する移転価格税制の取扱いは利益分割法で少し触れましたが，今後の税制改正でも大きなテーマとなりますので（平成28年12月28日自由民主党・公明党「平成29年度税制改正大綱補論「今後の国際課税のあり方についての基本的な考え方」」参照），無形資産に対するイメージをつけておくことは事業の海外展開を図る上では重要なことだと思います。

最後にひとつだけ注意点を申し上げておきたいと思います。

この，同時文書化義務の免除は，あくまでも「同時文書化」の義務の免除であって，文書化の免除ではないということです。取引規模が小さいので独立企業間価格を算定するために必要となる書類を作成・保存する必要はないのだと勘違いをしてしまうと，次に説明するように手痛いしっぺ返しに合う可能性がありますので注意が必要です。

3　推定課税

納税者が独立企業間価格の算定に必要と認められる書類を提出しなかった場合には，当局は一方的に独立企業間価格を算定していくことになります。

まず，法律を見てみましょう。

> 租税特別措置法第66条の4（国外関連者との取引に係る課税の特例）第8項……かっこ書きは適宜省略
> 　国税庁の当該職員又は法人の納税地の所得税務署若しくは所轄国税局の当該職員が，法人に各事業年度における同時文書化対象国外関連取引に係

る第6項に規定する財務省令で定める書類（筆者注：独立企業間価格を算定するために必要と認められる書類）若しくはその写しの提示若しくは提出を求めた場合においてその提示若しくは提出を求めた日から45日を超えない範囲においてその求めた書類若しくはその写しの提示若しくは提出の準備に通常要する日数を勘案して当該職員が指定する日までにこれらの提示若しくは提出がなかったとき，又は法人に各事業年度における同時文書化対象国外関連取引に係る第1項に規定する独立企業間価格を算定するために重要と認められる書類として財務省令で定める書類若しくはその写しの提示若しくは提出を求めた場合においてその提示若しくは提出を求めた日から60日を超えない範囲においてその求めた書類若しくはその写しの提示若しくは提出の準備に通常要する日数を勘案して当該職員が指定する日までにこれらの提示若しくは提出がなかったときは，税務署長は，次の各号に掲げる方法（第2号に掲げる方法は，第1号に掲げる方法を用いることができない場合に限り，用いることができる。）により算定した金額を当該独立企業間価格と推定して，当該法人の当該事業年度の所得の金額又は欠損金額につき法人税法第2条第39号に規定する更正又は同法第2条第40号に規定する決定をすることができる。

一　当該法人の当該国外関連取引に係る事業と同種の事業を営む法人で事業規模その他の事業の内容が類似するものの当該事業に係る売上総利益率又はこれに準ずる割合として政令で定める割合を基礎とした第2項第1号ロ若しくはハに掲げる方法（筆者注：再販売価格基準法若しくは原価基準法）又は同項第2号（筆者注：同等の方法）に定める方法（同項第1号ロ又はハに掲げる方法と同等の方法に限る。）

二　第2項第1号ニに規定する政令で定める方法又は同項第2号に定める方法（当該政令で定める方法と同等の方法に限る。）に類するものとして政令で定める方法

この規定による課税を一般に「推定課税」と呼んでいます。ここでのポイントは次の2点です。

> ① 同時文書化義務がある「独立企業間価格を算定するために必要と認めらえる書類」を要求後45日以内の調査官の指定する日までに提出できず，又は同時文書化義務の対象とはなっていない「独立企業間価格を算定するために重要と認められる書類」を要求後60日以内の調査官が指定する日までに提出できないときは，当局が一定の方法で独立企業間価格を推定して課税課税することができる
> ② 一定の方法とは，
>   イ 再販売価格基準法や原価基準法に似た方法
>   ロ 寄与度利益分割法や取引単位営業利益法に似た方法
> であるが，ロの方法はイの方法が適用できない場合に用いられる。

以下，それぞれについて説明します。

(1) 適用要件

推定課税が行われるのは，調査官が決めた期限までに書類が出なかった場合です。その書類にも2種類あって，まず，同時文書化の対象とされた「独立企業間価格を算定するために必要と認められる書類」は最長でも45日，「独立企業間価格を算定するために重要と認められる書類」は最長でも60日で出せなければ推定課税権限が当局に生じます。後者の書類とは「同時文書化の対象とされた各書類に記載された内容の基礎となる事項や関連する事項など独立企業間価格を算定するために重要と認められる事項を記載した書類」である旨が財務省令で示されています（措規22の10⑤）が，具体的にはよくわかりません。結局，調査時で調査官に文書化対象の書類を示したときに「これではよくわからないのでもっと詳しい書類や根拠を示す書類はないか」といった要求がされた場合の，そのような書類といったイメージで捉えておくと，はずれはないように思います。

②で同時文書化の説明をしましたが，鋭い方はすでにお気づきかもしれません。推定課税（及び次章で説明する第3者に対する質問検査権の発動）は，調査官が指定した期限までに書類を提出しなかった場合に発動されますが，そのことと，同時文書化とは直接リンクしているわけではありません。つまり，申告期限までに同時文書化対象となる文書を作成・保存しておかなかったとしても，次の税務調査時に調査官から出せと言われた時に出せれば問題はないということなのです。その意味では「同時」ということに関しては法律の規定が空文化しているとも取れますが，次の2で説明するとおり，独立企業間価格算定のために必要と認められる書類とは後付けで作成していくのはなかなか骨の折れるものであることを踏まえれば，やはり早期に準備しておくことは納税者自身にとっても重要なことだと考えます。

(2) 推定課税の方法

推定課税は，これまで説明したように納税者が必要とされる書類を一定期間内に提示・提出しなかった場合に適用されるので，独立企業間価格を推定する方法もそれなりに大雑把になります。例えば，ポイントに挙げた②のイにおける再販売価格基準法や原価基準法に似た方法とは，次のような利益率を用いる方法であると規定されています。

> 租税特別措置法施行令39条の12（国外関連者との取引に係る課税の特例）第13項
> 　法第66条の4第8項第1号に規定する売上総利益率又はこれに準ずる割合として政令で定める割合は，同号に規定する同種の事業を営む法人で事業規模その他の事業の内容が類似するものの同号の国外関連取引が行われた日を含む事業年度又はこれに準ずる期間内の当該事業に係る売上総利益の額（当該事業年度又はこれに準ずる期間内の棚卸資産の販売による収入金額の合計額（当該事業が棚卸資産の販売に係る事業以外の事業である場合には，当該事業に係る収入金額の合計額。以下この項において「総収入

金額」という。）から当該棚卸資産の原価の額の合計額（当該事業が棚卸資産の販売に係る事業以外の事業である場合には，これに準ずる原価の額又は費用の額の合計額。以下この項において「総原価の額」という。）を控除した金額をいう。）の総収入金額又は総原価の額に対する割合とする。

　この条文を読んで，「これは大雑把な利益率だ」と感じられる方は，独立企業間価格の算定方法をきちんと理解されている方です。第2章3と4で説明した原価基準法と再販売価格基準法を思い出してください。これらの方法で用いる比較対象取引の利益率とはどのような利益率でしたか。そうです。国外関連取引と「同種又は類似の棚卸資産」を扱う「非関連者間」の取引における利益率でした。上の条文では，この2つのキーワードが2つとも抜け落ちています。つまり，事業規模と事業内容が似ていればいいわけで，「棚卸資産が類似していなければならない」であるとか，選定した法人が「非関連者間取引を行っていなければならない」といったことは要件とはなっていないわけです。

　だたし，「同種の事業を営む法人」と言っていますので，事業内容についてはかなりの同種性が求められていると言えるでしょう。この点，例えば，立法担当者の解説では，「単に卸売業とか製造業といった広い尺度で捉えるのではなく，問題となっている取引の対象資産と同様の資産の卸売業者又は製造業者といった捉え方になるものと考えられます」（大蔵財務協会「昭和61年改正税法のすべて」211頁）と述べています。また，事業内容の比較について「例えば，事業規模が異なる企業，自ら技術開発を行って製品を製造している企業と技術導入により同様の製品を生産している企業といったように，粗利益率レベルでかなりの差が生ずると見込まれるような相違があるかどうかが問題となると考えられます。」（同）と述べており，事業の同種性といった観点から，いわゆる通常の比較法と似た検討が必要となる旨の解釈が示されています（なお，ポイント②のロで掲げた寄与度利益分割法や取引単位営業利益法に似た方法についての説明はここでは省略します）。

　このように，納税者の協力が得られないことを奇貨として課税庁が一方的に

多少荒っぽい方法で独立企業間価格を推定するのが推定課税ですから，本来，その運用には自ずと慎重さが要求されるはずです。この点につき，事務運営要領ではどのような規定があるのか見ておくことは今後の税務調査の方向性をイメージする上で役に立つのではないかと思われます。

> 移転価格事務運営要領3－5（推定規定又は同業者に対する質問検査規定の適用に当たっての留意事項）　抄
>
> (4) 当該期日（筆者注：調査官が指定した期日）までに移転価格文書の提示又は提出がなかったことにつき合理的な理由が認められるときは，当該法人の意見を再聴取し，期日を指定する。
>
> 　なお，再聴取して指定した期日までに移転価格文書に該当するものとして提示又は提出された書類（電磁的記録を含む。以下同じ。）があり，当該書類を総合的に検討した結果，独立企業間価格の算定ができる場合には，措置法第66条の4第8項及び第11項（筆者注：推定課税と第3者に対する質問検査権の発動）又は第9項及び第12項（文書化免除取引に対する推定課税と第3者に対する質問検査権の発動）の規定の適用をしないことに留意する。
>
> 　（注）　法人が，指定された期日までに当該提示又は提出をできなかったことにつき合理的な理由が認められる場合には，例えば，当該法人が災害によりこれをできなかった場合が該当する。
>
> (5) 法人から移転価格文書に該当するものとして提示又は提出された書類を総合的に検討して独立企業間価格の算定ができるかどうかを判断するのであるが，当該判断の結果，当該書類に基づき独立企業間価格を算定することができず，かつ，措置法第66条の4第8項及び第11項又は第9項及び第12項の規定の適用がある場合には，当該法人に対しその理由を説明する。
>
> 　（注）　当該書類が不正確な情報等に基づき作成されたものである場合には，当該書類の提示又は提出については，移転価格文書の提示又は提出には該当しない。

> この場合には，当該法人に対し，正確な情報等に基づき作成した移転価格文書を速やかに提示又は提出するよう求めるものとする。

　上の網掛け部分を読むと，調査官が指定した期日までに移転価格文書（独立企業間価格を算定するために必要と認められる書類及び独立企業間価格を算定するために重要と認められる書類）を提出できなかった場合には当局は次のような効果が生じることがわかります。
① 期日までに提出できなかったことにつき合理的な理由がある場合には再度期日を指定して，その期日までに提出されないときに推定課税又は④で説明する第3者に対する質問検査権の発動が行われること
② 期日までに提出したとしてもそれに基づいて調査官が独立企業間価格を算定することができなければ，結局は推定課税又は④で説明する第三者に対する質問検査権の発動が行われること

　①については，上の事務運営要領では，提出できなかった合理的な理由の例示として災害が起こったために提出できなかったことが示されています。つまり，災害のような誰がみてもやむを得ないというような理由から物理的に提出できなかったことを前提としていると考えておくべきであると思われます。単に，親会社の都合であるとか，担当者の不在程度の理由では聞いてくれない可能性が強く，①はほとんど機能しないのではないかと思われます。

　②にも問題があります。法人があらかじめ文書を準備して提出したとしても調査官が満足しなければ移転価格文書を提出したことにならないわけで，事務運営指針(5)の注にある「不正確な情報等に基づき作成されたもの」とはどのようなものをいうのか懸念されるところです。

　これらの規定からは，推定課税を慎重に行う姿勢は見えてきません。いずれにしても提出期限は調査官が決めるということですが，法律で期限の上限が規定されてしまったためにかえって，形式的に推定課税に走られることも予想されます。

　過去の事例として，当局の職員が国外関連者の財務書類について平成14年6

月10日から平成15年6月9日までの間で6回にわたり文書又は口頭で提示を求め，また，取引価格算定の根拠資料を平成14年6月10日から平成16年4月9日までの間で4回にわたり文書又は口頭で提示を求めましたが，納税者からの提示がなかったため推定課税を行った事例があります（東京地判23.12.1，東京高判25.3.14，納税者敗訴）。これを見ると，従来はかなり長いスパンで書類の提出期間をみていたことがわかりますが，今後は，相当短い期間で推定課税の判断が行われる可能性があります。強権発動にならないよう柔軟な執行を願いたいものです。また，納税者側も正確な書類を提示できるよう，要求された資料の内容と目的を十分に理解できるまで調査官に質問し，提示・提出にどれだけの期間が必要か適切に答えることが重要です。

(3) 同時文書化義務がない国外関連取引に係る推定課税

これまでは，同時文書化義務がある国外関連取引に対する推定課税について説明しましたが，同時文書化義務がない国外関連取引に係る推定課税の要件は次のとおりとなっています。

> 租税特別措置法第66条の4（国外関連者との取引に係る課税の特例）第9項……かっこ書きは適宜省略
> 　国税庁の当該職員又は法人の納税地の所轄税務署若しくは所轄国税局の当該職員が，法人に各事業年度における同時文書化免除国外関連取引（第7項の規定の適用がある国外関連取引をいう。第12項において同じ。）に係る第1項に規定する独立企業間価格を算定するために重要と認められる書類として財務省令で定める書類又はその写しの提示又は提出を求めた場合において，その提示又は提出を求めた日から60日を超えない範囲内においてその求めた書類又はその写しの提示又は提出の準備に通常要する日数を勘案して当該職員が指定する日までにこれらの提示又は提出がなかったときは，税務署長は，前項各号に掲げる方法（同項第2号に掲げる方法は，同項第1号に掲げる方法を用いることができない場合に限り，用いる

> ことができる。）により算定した金額を当該独立企業間価格と推定して，当該法人の当該事業年度の所得の金額又は欠損金額につき更正又は決定をすることができる。

これをみると，移転価格文書の提出期限の上限が同時文書化対象取引では45日とされていましたが，同時文書義務がない国外関連取引（同時文書化免除国外関連取引）では，調査官は，60日以内で指定して，その期間までに独立企業間価格を算定するために重要と認められる書類が提示・提出されなかった場合には推定課税することができることとされています。ここでいう独立企業間価格を算定するために重要と認められる書類とは，この後の2で説明する移転価格文書をさします。

つまり，同時文書義務が課せられていない分，書類の作成に多少手間がかかるかもしれないという意味で15日間だけ期間を長めに見ているわけです。

ここでの説明はこのくらいにしておきます。

4 第三者に対する質問検査権

納税者が独立企業間価格を算定するために必要と認められる書類を期限までに提示・提出しなかった場合のもう1つの効果として，調査官に第三者に対する質問検査権が与えられるというものがあります。

まず条文を見てみましょう。

> 租税特別措置法第66条の4（国外関連者との取引に係る課税の特例）第8項
> 国税庁の当該職員又は法人の納税地の所轄税務署若しくは所轄国税局の当該職員が，法人に各事業年度における同時文書化対象国外関連取引に係る第6項に規定する財務省令に定める書類若しくはその写しの提示若しくは提出を求めた場合においてその提示若しくは提出を求めた日から45日

を超えない範囲内においてその求めた書類若しくはその写しの提示若しくは提出の準備に通常要する日数を勘案して当該職員が指定する日までにこれらの提示若しくは提出がなかったとき，又は法人に各事業年度における同時文書化対象国外関連取引に係る第8項に規定する独立企業間価格を算定するために重要と認められる書類として財務省令で定める書類若しくはその写しの提示若しくは提出を求めた場合においてその提示若しくは提出を求めた日から60日を超えない範囲内においてその求めた書類若しくはその写しの提示若しくは提出の準備に通常要する日数を勘案して当該職員が指定する日までにこれらの提示若しくは提出がなかったときに，当該法人の各事業年度における同時文書化対象国外関連取引に係る第1項に規定する独立企業間価格を算定するために必要があるときは，その必要と認められる範囲内において，当該法人の当該同時文書化対象国外関連取引に係る事業と同種の事業を営む者に質問し，当該事業に関する帳簿書類を検査し，又は当該帳簿価額（その写しを含む。）の提示若しくは提出を求めることができる。

租税特別措置法第66条の4（国外関連者との取引に係る課税の特例）第12項

　次の各号のいずれかに該当する者は，30万円以下の罰金に処する。
一　第11項若しくは第12項の規定による当該職員の質問に対して答弁せず，若しくは偽りの答弁をし，又はこれらの規定による検査を拒み，妨げ，若しくは忌避した者
二　第11項又は第12項の規定による帳簿書類の提示又は提出の要求に対し，正当な理由がなくこれに応じず，又は偽りの記載若しくは記録をした帳簿書類（その写しを含む。）を提示し，若しくは提出した者

　この規定の発動要件である書類の提出期限の取扱いについては，3で説明した推定課税の要件と同一なので，ここでの説明は省略します。ちなみに，同時

文書化免除国外関連取引に係る第三者に対する質問検査権については租税特別措置法第66条の4第12項に規定されています。

　もともと，調査官に与えられている質問検査権は，国税通則法74条の2に規定があります。その主なものは，納税者自身に対する質問検査権と，反面調査で使われる取引先に対する質問検査権で，取引関係のない同業者に対しては質問検査権がありません。

　そこで，納税者から独立企業間価格を算定するために必要と認められる書類が提示・提出されないと課税庁としては，第三者である同業者の取引価格や利益率に関する情報収集が必要となります。そこで，これらの情報収集に法的根拠を与えるのが上の条文ということになります。そして，この質問検査権については，一般の質問検査権と同様に，これを拒んだ場合の罰則規定も設けられています。

　この11項の規定は，取引単位営業利益法の説明（第2章5）で取り上げました。取引単位営業利益法は，比較対象取引を公開データから引っ張ってくることが，この手法を適用する場合の「立ち位置」でしたね。それは，課税当局がこの11項（旧8項）の条文を適用して求めた比較対象取引で課税する事例が国内外から批判の的となっていたことが背景のひとつにあることを説明しました。覚えていますか？　なぜ，批判されるのかというと，このようにして課税に用いられた比較対象取引については，取引当事者の名称も取引内容の詳細も守秘義務から納税者に開示できないからです。つまり，納税者からみると，今後課税されないように気をつけようとしても課税庁の方法では申告できないからです。

　最近の課税手法としては，取引単位営業利益法が主流となっており，また，無形資産がある場合には残余利益分割法が適用されることが多いように思われます。したがって，この規定を適用して，基本三法を用いて課税する事例はほとんどないのではないかと思われます。むしろ，推定課税を行う場合に，この規定を使って同業者である第三者から情報を収集するケースが考えられます。推定課税では，課税庁は③で説明した方法で計算した金額を独立企業間価格で

あると推定するに過ぎないので，課税庁が推定した金額と異なる金額が適正な独立企業間価格であることを納税者側が立証すれば，課税庁の推定を破ることができます。したがって，課税庁としても簡単に破られるような荒っぽい独立企業間価格の算定は，推定課税といえどもやりたくないと思うのが自然です。推定課税も第三者に対する質問検査権の発動も，独立企業間価格算定のための書類が指定期日までに提示・提出されないことという要件は同じですから，悪い言い方をすれば，推定課税の世界では堂々とシークレットコンパラブルが使えるというわけです。

　このような課税を避けるためにも，やはり，文書化を適正に行い，課税庁と対等に渡り合えるようにしておくことが重要と考えます。

2 独立企業間価格を算定するために必要と認められる書類

　1では，我が国の移転価格税制上の文書化について，法律上の義務とその効果を説明しました。ここでは，我が国の法律上規定されている書類の内容について具体的に見ていきたいと思います。

1 提示又は提出が求められる書類の内容

　税務調査の際に，独立企業間価格を算定するために必要と認められる一定の書類を指定期日までに提示又は提出しなかった場合には，一方的なやり方で調査が進められてしまうことは1で説明したとおりですが，この場合の一定の書類とは，税法では大きく次の2つに分けて規定しています。

　① 国外関連取引の内容を記載した書類
　② 国外関連取引に係る独立企業間価格を算定するための書類

　以下，それぞれについて説明します。
　なお，独立企業間価格を算定するために必要と認められる書類については，平成28年6月に国税庁から詳細な例示集（「独立企業間価格を算定するために必要と認められる書類（ローカルファイル）作成に当たっての例示集」）が出されました。本書では，ページ数が膨大になってしまうことを避けるため，例示集をそのまま引用することはせず，条文で示された書類のイメージが頭に浮かんでくることを目的としてごく最小限の説明にとどめることにしています。したがって，書類に記載されるべき情報の詳細については，この例示集を参照

することをお勧めします。国税庁のホームページから見ることができます。

(1) 国外関連取引の内容を記載した書類

まず,条文の規定の概要を以下に示します。

(図表3－1) 租税特別措置法施行規則22条の10第1項1号
に規定する書類の概要

第1号：国外関連取引の内容を記載した書類	
イ	国外関連取引に係る資産の明細及び役務の内容を記載した書類
ロ	国外関連取引において,法人と国外関連者が果たす機能及び負担するリスクに係る事項を記載した書類
ハ	国外関連取引において,法人と国外関連者が使用した無形固定資産その他の無形資産の内容を記載した書類
ニ	国外関連取引に係る契約書又は契約の内容を記載した書類
ホ	国外関連取引の対価の額の設定方法及び設定に係る交渉の内容を記載した書類並びに対価の額について我が国や諸外国の当局から確認を受けている場合のその確認内容を記載した書類
ヘ	国外関連取引に係る法人と国外関連者の損益の明細を記載した書類
ト	国外関連取引が行われた市場に関する分析その他その市場に関する事項を記載した書類
チ	法人及び国外関連者の事業の内容と方針や組織の系統を記載した書類
リ	国外関連取引と密接に関連する他の取引の有無及びその内容等を記載した書類

① 国外関連取引の対象及び当事者の役割等を説明する書類（表中のイ,ロ,ハ,ニ）

　これは,国外関連取引が何を対象としてどのように行われるのかを説明する書類です。「どのように」というのは,当事者である法人と国外関連者が,この取引でどのような役割を演じるのかということです。例えば,製品の設計,企画は誰が行うのか？　製品の製造リスクはどちらが負うのか？　広告宣伝は誰が行うのか？　在庫管理は？　販売活動は？　為替リスクは？　など,法人と国外関連者の機能を細分化して,それぞれの受け持つ機能（その裏返しとしてのリスク）を説明することで,法人と国外関連者の役割が明らかになるわけです。

これらは契約書だけではわからないと思われます。取引を行うに当たっての企画段階から資料を整理しておくことが必要です。
　これらを説明する書類の一例としては次のようなものを挙げることができます。

> 契約書，取扱品目に係るカタログ・パンフレット，取引フロー図，法人と国外関連者の機能整理表，国外関連取引を行うに当たっての企画書及び投資計画に関する書類，特許や無形資産の使用許諾に関する資料，店舗一覧や組織図…

② 国外関連取引の価格を説明する書類（表中のホ）

　一般に，価格は契約書や契約書の付属書類等に記載されているものと思います。これらの書類は，価格の他に取引条件等の情報が記載されていることが多いので上記①の書類としても位置付けられるものです。ただし，ここで重要なのは，必要とされる書類は，「価格がいくらか」を説明する書類ではなく，「なぜその価格になったのか」を説明する書類であるという点です。例えば，法人と国外関連者とが果たす役割（機能とリスク）を考慮して決められた価格であるならば，①の書類と表裏一体の書類となるでしょうし，一定の利益確保に重点が置かれているのであれば，次に説明する③や④に連動した書類ということになります。また，独立企業間価格の算定方法に則って行っているのであれば後述する(2)の書類をもってこの資料とする方法も考えられます。特に，事前確認（第4章参照）により当局による確認済みの手法で価格設定が行われているのであれば，事前確認の内容を示した書類が価格を説明する書類に含まれるのは当然のことです。なお，税務調査では，担当者同士のメールや交渉記録が求められることがあります。なるべくならば，価格の設定方法及び価格決定の経緯についての資料を整えておくことが望ましいでしょう。このことは，次項目の3で説明する移転価格ポリシー（今は「？」でも構いません）にもつながる重要な点と思われます。

　これらを説明する書類の一例としては次のようなものを挙げることができま

す。

> プライスリスト，契約書，対価の設定に関する会議議事録及び稟議書，対価の設定に関する交渉記録や社内メール又はこれらの内容をまとめた書類
> …

③　法人と国外関連者の切り出し損益を示す書類（表中のヘ）

　実は，この「切り出し損益を示す書類」の作成が，第1号に掲げる資料の中の最大のヤマ場と言っても過言ではありません。独立企業間価格の算定方法のうち，独立価格比準法以外は，全て「利益額（利益率）」の勝負であることはこれまでの説明で理解していただいていると思います。この「切り出し損益」の資料は，移転価格税制を適用させるための出発点となります。そして，対象となる取引をどこまで束ねて見るのかといった点から，(2)で説明する独立企業間価格算定のための資料に直接連動していくことになります。また，この書類は，国外関連取引を通じて，法人と国外関連者がどのくらい利益を計上しているのかが明らかとなるため，国外関連取引を通じた両者の利益の配分状況が示されることになります。つまり，この書類は税務当局にとっても，移転価格調査を行うかどうかを判断する上での貴重な情報となり得るわけです（税務調査の着眼点については第4章1③で説明します）。したがって，これを作ることにより，移転価格上の問題点も特定されていくことになると言えます。

　通常は，ある程度取引を束ねて，事業部ごとに，あるいは，地域別，部門別といった切り口で損益を切り出していくことになるかと思われます。これは，会社がどのように利益管理をしているのかといった経営方針と関連してきますので，自身の会社のことをよく理解しないと進められない作業です。また，日本の親会社だけでなく，国外関連者の損益も切り出す必要があります。なお，売上や売上原価，販売費及び一般管理費のうち国外関連取引と直接ひもが付く項目は個別に計算できますが，共通費用は，以前説明した利益分割法の手法に倣って（第2章6②～④参照），売上高，売上原価，使用した資産の価額，従事した使用人の数等の合理的な基準で按分していくことになります。

これらを説明する書類の一例としては次のようなものを挙げることができます。

> 法人及び国外関連者の財務諸表・セグメント損益・事業部損益資料，法人及び国外関連者の切り出し損益計算の過程を示す資料…

④　国外関連取引の損益に影響を与えるその他の情報を示す書類（表中のト，チ，リ）

　国外関連取引の損益に影響を与えるものとして，市場の状況というものがあります。例えば，特定の業種に対する政府の優遇措置，使用料等の支払いや金利に関する規制など，利益率の高低が必ずしも取引当事者の機能・リスクに基づかない場合が考えられます。市場の規模や景況も損益に影響を与えます。

　また，表中チの「事業の方針」とは，例えば，市場参入から間がないため，広告宣伝を増加させているとか，業績の安定よりもシェア獲得に力を入れているといった方針が挙げられます。このような場合には，一般の利益水準よりも低いことが考えられ，差異調整や比較対象取引の選定に影響を与えます。

　さらに，表中リの「国外関連者と密接に関連する他の取引」とは，これは仮定の話ですが，理化学試験機の取引と試薬の取引とか，アフターサービスが必要な製品の取引とアフターサービスに係る役務提供取引など，それぞれの取引が密接に関連している場合には，利益率も両者を合体させて検討した方が合理的と判断される場合があるかもしれません。したがって，そのような場合には，関連する取引の内容を説明する書類が必要となることは言うまでもありません。

　これらを説明する書類の一例としては次のようなものを挙げることができます。

> 事業報告書，市場分析資料，経営会議等の資料，関連取引に係る①②等の資料…

(2) 法人が国外関連取引に係る独立企業間価格を算定するための書類

まず，条文の規定の概要を以下に示します。

(図表3－2)　租税特別措置法施行規則22条の10第1項2号
に規定する書類の概要

第2号：法人が国外関連取引に係る独立企業間価格を算定するための書類	
イ	法人が選定した独立企業間価格算定の方法及びその選定理由を記載した書類その他独立企業間価格を算定するに当たり作成した書類（ロ～ホを除く）
ロ	法人が採用した国外関連取引に係る比較対象取引の選定に係る事項及び比較対象取引等の明細を記載した書類
ハ	法人が利益分割法を選定した場合に法人及び国外関連者に帰属するものとして計算した金額を算出するための書類
ニ	法人が複数の国外関連取引を一の取引として独立企業間価格の算定を行った場合のその理由及び各取引の内容を記載した書類
ホ	比較対象取引について差異調整を行った場合のその理由及び当該差異調整の方法を記載した書類

　図表3－2で示されている書類は，これまで説明してきた独立企業間価格の算定方法を具体的な書類として整理したものです。書類の内容はそれぞれの算定方法（第2章2～8参照）の説明と重複しますので，ここでの説明は省略します。

　この表を見てわかるとおり，図表3－1と違って，こちらは納税者たる法人が移転価格税制を適用させるためにゼロから作成していかなければならない資料です。いままで，日本や外国の当局から移転価格の調査を受けて課税されるなど，移転価格税制の波を被っている会社はさておき，それ以外の方にとっては「こんな書類はいちいち作成していないし，作成する余力もないよ」という方がほとんどかもしれません。しかし，作成していない書類は，図表3－1の書類も含めて「改めて作成してください」というのが税務の基本です。もちろん，この章の1の③の(1)で説明したとおり，事実上，税務調査で調査官から求められたときに指定期日までに出せばよいわけですから，これらの書類を作

成していなくても結果として問題なし，となることもあります。したがって，従来と同様に「移転価格の問題は税務調査で対応すればいい」と腹をくくってしまう方法もあるかもしれません。しかし，もはや税法は，一定規模以上の国外関連取引に対しては申告書の提出期限までにこれらの書類を作成・保存しておかなければならないことが明確に規定されていますし，同時文書化が免除される国外関連取引にあっても税務調査では当然に求められる書類です。表中の書類は一日二日で簡単にできるものではありません。これらの書類を準備しておかずに，税務調査の際に要求された書類が期限までに提出できなかったため，あるいは，提出したとしても法人の実情に合った適切な内容ではなかったために課税庁の一方的な主張に効果的な反論ができないといったケースもあるようです。

2 書類の作成方法

限られた人員の中で，どのように書類を作成するのかという点が会社の税務担当とすれば最も悩ましい問題でしょう。これまででも，法人税の所得計算をするに当たり，例えば，社員の源泉所得税の事務では人事担当者から，交際費など営業に関連する経費については営業担当者から情報を得ながら事務を進めていると思います。これらは既にシステム化され担当者レベルで自動的に情報のやりとりをしている場合がほとんどでしょう。

しかし，移転価格税制に基づく上記①で掲げた表の書類ということになると，経営サイドや企業機密の奥深くまで入り込まないと作成できない面があります。そこで，まずやるべきことは，移転価格税制についての理解を経営サイドに持ってもらうということだと思います。その上で，必要な情報を税務担当がアクセスできる環境を作り出しておくことが必要と思われます。

また，図表3－2に掲げた書類の作成に関しては，独立企業間価格の算定方法に基本三法や取引単位営業利益法を用いる場合には内部比較対象取引がない限り，法人や国外関連者の内部情報では対応できないことになります。

比較対象取引に関する，国内・海外における類似企業の財務データの入手については，データベース会社と契約してそこから情報を入手するというのが現実的な対応です。ただし，これにはかなりのコストがかかるため，よほど国外関連取引を大規模に行っている法人以外はペイしないことと思います。また，類似企業を選定するためのスクリーニングには税法の知識と多少のテクニックが必要となります。そこで，移転価格税制に詳しいコンサルタントと契約して比較対象取引の選定作業をお願いするケースが多いのではないかと思われます。

　ドキュメンテーションの全てをコンサルタントにお願いすることも考えられますが，やはりコストがかかります。会社の人員体制にもよりますが，移転価格税制の知識をつけた上で，**図表３－１**に掲げた書類や**図表３－２**の独立企業間価格算定方法の選定理由等は自ら作成し，必要なポイントのみコンサルタントを活用するというのが，現状では最も理想的な形ではないかと思います。

　それでは，これまで説明してきた独立企業間価格の算定に必要と認められる書類について，どのように作成していくのかを簡単な設例を用いてイメージしていきましょう。

設　例

　当社は，主力製品であるＸ製品を米国の100％子会社であるＡ社を通じて米国各地の代理店に販売している。

　当社としては，Ａ社が独自性のある販売活動は行っていないことから，米国市場における同様の卸売業者に係る公開情報から営業利益の幅（レンジ）を作成し，その中に国外関連者の利益率が収まるような手法（取引単位営業利益法）により独立企業間価格の算定を行おうと考えている。

　ここでは，まだ，漠然としたイメージです。そこでまず，作業としてやらなければならないことは，**図表３－１**のイ，ロ，ハ，ニの前提となる当社と国外関連者の事業の内容に関する説明資料の作成です。それに合わせて，**図表３－１**のトの市場の分析をすることも考えられます。この段階での書類に盛り込む

べきと思われる項目を思いついた順に書き出してみます。

【第1段階】 当社と国外関連者の事業の内容の説明（**図表3－1のイの前提資料，ト**）

《当社の概要》
- 事業内容
- 売上高や営業利益（それに加えて，売上高営業利益率など）の数年間の推移
- X製品開発の沿革
- 当社のX製品の関わり（部品調達，製造など）
- X製品をめぐる業界シェア
- 米国市場進出の経緯　など

《A社の概要》
- 事業内容
- 設立時期，従業員数
- X製品の販売に関する活動内容（販売市場）
- 売上高や営業利益（率）の推移など

次に国外関連取引の内容として**図表3－1のイ，ハ，ニ，ホ**の内容が分かる書類を作成します。

【第2段階】 国外関連取引の内容の説明（**図表3－1のイ，ハの一部，ニ，ホ**）

- 取引フロー（図も含む）
- 無形資産取引の概要（例えば，当社のロゴをA社が使用するということであれば商標権の使用許諾契約が考えられる）
- 価格設定に当たっての基本的な考え方及び具体的な算定

最後の価格設定に当たっての基本的な考え方については，国外関連者との交渉内容といったものにどこまで踏み込むかは個々のケースで判断しますが，価

格決定の方針が明らかであれば，交渉内容については補助的な資料として準備しておけばよいのではないかと思われます。

ここまでの段階で，かなり国外関連取引を客観的に観察できる素地が出来上がっているはずです。次からは，いよいよ独立企業間価格の算定を念頭においた書類の作成に移っていきます。

【第3段階】 法人と国外関連者との機能の説明（**図表3－1のハ，ロ，必要に応じてト，チ，リ**）
○ 法人と国外関連者が果たす機能の詳細
○ 法人と国外関連者が負うリスクの詳細
○ 法人と国外関連者が有する無形資産の内容

法人と国外関連者が果たす機能とは，研究開発，製造，生産管理，品質管理，在庫管理，調達，販売，マーケティング，総務，人事，財務等といった活動がどちらでどのように行われているのかということです。また，法人と国外関連者が負うリスクは，機能を基に整理するとわかりやすいでしょう。例えば，研究開発に失敗した場合のコストはどちらが負担するか，製品に欠陥があった場合の賠償はどちらが負うのか，在庫リスクはどちらが負うのかといったことを整理していきます。このほか貸倒れリスク（信用リスク）や為替変動によるリスク（為替リスク）に言及していくことも考えられます。

なお，研究開発による独自の製品である場合には無形資産にも言及する必要があります。無形資産には，製品に関するものだけでなく，製造ノウハウやマーケティングについても整理しておく必要があります。

いずれにしても，ここの部分は，後の比較対象取引の選定や差異調整の前提となる書類になりますので，どこを強調し，あるいはどこを切り捨てるかを念頭に置きながら整理していく必要があります。なお，**図表3－1のト，チ，リ**に関して記載すべき事項はこの段階で整理しておきます。

【第4段階】 切り出し損益の計算（図表3－1のヘ）
- ○ 法人及び国外関連者の財務データ
- ○ 第3段階で整理した機能に応じたコストの切り出し
- ○ 共通費用の配賦計算の明細

　第3段階で整理した情報を基に，切り出し損益の計算を行います。詳細は①の③で説明したとおりです。

　ここまでで，国外関連取引の説明が終わりました。書類の作成の仕方や順番は様々ですが，多くの場合は，この段階で既に独立企業間価格の算定方法は特定され，問題点の洗い出しも検討資料から明らかになっているのではないでしょうか。つまり，ここまでの情報を整理するのと同時並行で独立企業間価格の算定と問題点を整理しておき，後追い的に後の書類を作成していくことが多いのではないかと思われます。

【第5段階】 独立企業間価格の算定方法の選定に関する説明（図表3－2のイ）

　設例では，取引単位営業利益法を使うことをイメージしていますが，ここでは，採用しようとする独立企業間価格の算定方法が最適であることを説明する必要があります。第2章8で説明した「最適方法ルール」を覚えていますか？

　その際，独立企業間価格の「確からしさ」は基本三法の方が上なので，基本三法が使用できるのであれば基本三法を優先すべきことを説明しました。したがって，ここでは基本三法が使えない理由をある程度記載しておくことが好ましいと思われます。例えば，内部比較対象取引がないためX製品と同種の製品を取り扱う非関連者間取引の情報は入手できないこと，また，同じく，再販売価格基準法が適用可能な程度の厳格な類似性を備えた比較対象会社を選定するのは困難なこと，広範な機能及びリスクが認められる当社の事業内容からすると原価基準法による分析は適当ではないこと等をポイントとして記載していきます。

その上で，A社は比較的単純な機能を有していて，機能やリスクの類似性や市場の類似性を満たす比較対象企業の選定が可能である取引単位営業利益法が最も適切な独立企業間価格の算定方法であることを結論付けていきます。

【第6段階】　取引単位営業利益法に基づく比較対象企業の選定の説明（図表3－2のロ，ニ）
○　利益指標や取引単位に関する説明
○　スクリーニングの説明

　この段階が最後の検討資料となります。「利益指標等に関する説明」とは，取引単位営業利益法の適用に当たり売上高営業利益率，総費用営業利益率，ベリーレシオのどれを用いるのかという説明です。例えば，A社は米国市場において第三者である小売業者に販売する事業を行っており，第三者との売上高を基準にした営業利益率である売上高営業利益率が妥当であるといった説明を記載していくことになります。

　また，例えば，ロイヤルティの授受等無形資産取引がある場合には，それを個々の取引として別々に扱うかどうかは，第2～第4段階で明らかにしておかなければなりませんが，仮に棚卸取引と合体させて一つの取引として取り扱う場合にはここでその理由にも言及しておく必要があります（例えば，両者は密接に関連していることから切り離しが困難といった理由が考えられます）。

　スクリーニングとは比較対象企業の選定のことです。ここでは，選定の基準となる考え方を定性的な部分と定量的な部分とに分けて記載します。図表3－3は，国税庁の参考事例集に掲げられているものですが，ここに記載されている項目と第3段階で記載した国外関連取引の機能やリスクに沿って，例えば，取引規模は○倍を超えるものは排除するとか，売上高に対する広告宣伝費の割合が○％以下のものと選定するなど，設定する選定基準によって入手できるデータ数をにらみながら適宜検討していくことになります。あまりデータ数がとれない場合には，機能を見直すなどの工夫も必要となります。この辺りはコンサルタントと相談しながらデータベースを使っていくことになると思います。

（図表3-3）

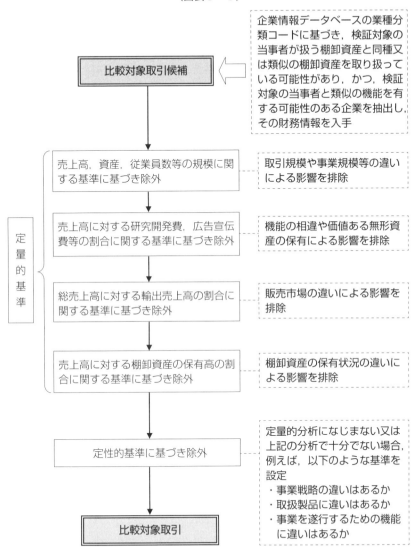

2　独立企業間価格を算定するために必要と認められる書類　195

> 【第7段階】 まとめ
> ○ 独立企業間利益率の幅（レンジ）の表示
> ○ 結論

　ここまでの書類が整理できれば，あとは，スクリーニングによって得られた利益率を並べて幅をつくります。一般に四分位法を用い，上位の四分の一，下位の四分の一を切り捨てて，真ん中の部分のレンジ（四分位レンジ）を用いることが多いのではないかと思われます。これも「確からしさ」を説明するテクニックの一つです。そのためにも，やはりある程度の数のデータが必要となるため，データの数の問題も，取引単位営業利益法が採用できるかどうかを形式的に判断する上での現実的な判断の一つとなります。

　そして，結論として，第4段階で算定した営業利益率がレンジの中に収まっていることを説明して移転価格税制上の問題はない旨に言及して終わりです。

　また，どうしてもレンジに収まらない場合には，理由を分析して調整していく必要もあります。例えば，重視したい機能が国外関連取引に認められる場合には，利益率にどのように影響を与えるのか分析して，それを比較対象企業に対して当てはめるといった差異調整も必要になる場合があります。その場合には第6段階に帰って分析していくことになります。

3 おわりに

　ドキュメンテーションのイメージは何となくつきましたでしょうか。「これくらいなら何とかやれそうだ」と思われるか，「こんな面倒なことは絶対にできない」と思われるかは置かれた状況によって様々だと思います。全てを完全に行うのは誰しも困難です。まずは，1番主要な国外関連取引から，特に**図表3－1**に掲げた書類の整理を中心に少しずつ手をつけていくことをお勧めします。最初はある程度コストをかけてもコンサルタントを活用するのも一法です。慣れてくれば，自分でやれることは自分でやっていく姿勢も必要なのではない

かと思います。

3 別表十七(四)及び当局への情報提供義務

2では現在我が国の法律上規定されている移転価格税制上の文書化の内容について，できるだけ具体的な作業がイメージできるように説明しました。

ここでは，文書化をめぐる周辺知識として，確定申告書の別表に関する事項と，当局への情報提供義務について説明します。

1 法人税確定申告書別表十七(四)

我が国の移転価格税制は，国外関連取引に付された価格が独立企業間価格ではないために，所得が国外関連者に移転している場合には，納税者自らがその取引価格を独立企業間価格で行われたものとみなして課税所得を計算し，申告調整した上で確定申告するという制度です。この場合の申告調整の仕方については，第1章の2「移転価格税制の骨格」のところで説明しました。

この申告調整とは別に，移転価格税制では法人税の確定申告書に添付しなければならない別表として，別表十七(四)があります。この別表は，国外関連者との間で取引（国外関連取引）を行っている場合には，同時文書化義務があろうとなかろうと，また，国外関連者に対する所得移転があろうとなかろうと添付しなければならないものです。

別表の話がなぜ，ドキュメンテーションと結びつくのか不思議に思われる方がおられるかもしれません。この別表は，図表3－4（203ページ）を見ておわかりのとおり，国外関連者の名称，所在地，主たる事業，従業員の数，資本金の額等からはじまり，納税者との資本関係，直近事業年度の損益データ等の

情報を記載することで，この国外関連者が企業グループの中でどのくらいの規模でどのようなことを行っている会社なのかをおおよそイメージすることができます。そして，国外関連者との取引状況について，棚卸資産の売買，役務提供といった取引の種類別に金額を記載するとともに，納税者が検討した独立企業間価格の算定方法を記載することになっています。

　このように，別表十七(四)は，法人税の他の別表のように所得を計算するための（所得計算に連動した）別表ではなく，移転価格税制の観点から必要な情報を当局に提供するための別表になっています。この別表に独立企業間価格の算定方法を記載させる理由は，繰り返しになりますが，申告納税制度の下で，法律で規定された独立企業間価格の算定方法に基づいて国外関連取引に付された価格を検討した上で所得を計算し確定申告することが前提となっているからです。つまり，別表四で所得移転額の加算調整を行わないで確定申告したとしても，それは，移転価格税制上の検討をしなかったのではなく，「国外関連取引が独立企業間価格で行われていたかどうかを納税者側で検討した結果，申告調整する必要がなかった」という建前で当局が受け止めているということなのです。

　したがって，2で説明したドキュメンテーションに必要な作業をある程度実行しないことには，この別表は書けないことになりますし，この別表自体がドキュメンテーションの一部であるとも言えるわけです。

　それでは，具体的に別表十七(四)の書き方を見てみましょう。まず，以下のような設例を考えます。

設 例

　製造業を営む甲株式会社は，米国，香港，タイに国外関連者を有しています。

　これらの国外関連者の基本情報等及び国外関連者との取引情報は次のとおりです。

○国外関連者の基本情報及び直近の営業収益等

名　称	A社	B社	C社
所在地国	米国	香港	タイ
主たる事業	卸売業	卸売業	製造業
従業員の数	50人	20人	300人
資本金の数	100,000ドル	800千香港ドル	30,000千バーツ
資本関係	甲株式会社が100％直接保有	甲株式会社が100％直接保有	甲株式会社とB社が50％ずつ保有
事業年度	28.1.1～28.12.31	28.1.1～28.12.31	28.1.1～28.12.31
売上高	9,550千ドル	30,840千香港ドル	113,200千バーツ
原　価	5,320千ドル	15,290千香港ドル	87,362千バーツ
販売費及び一般管理費	3,875千ドル	10,020千香港ドル	15,000千バーツ
営業利益	355千ドル	5,530千香港ドル	10,838千バーツ
税引前当期利益	200千ドル	5,000千香港ドル	9,500千バーツ
利益余剰金	1,000千ドル	25,000千香港ドル	10,000千バーツ

　なお，当期末の為替相場は，120円／ドル，12円／香港ドル，3円／バーツとします。

○国外関連者との取引情報等

【A社】

　A社は甲株式会社の主力製品であるX製品の米国市場における販売子会社で、甲株式会社より輸入した製品を米国各地の代理店に販売している。

　甲株式会社のA社への当期の取引高は、輸出が632百万円だった。

　甲株式会社としては、A社が独自性のある販売活動は行っていないことから、米国市場における同様の卸売業者に係る公開情報から営業利益率の幅（レンジ）を作成し、その中に国外関連者の利益率が収まるような手法（取引単位営業利益法）により独立企業間価格の算定を行っている。

【B社】

　B社は、甲株式会社の製品であるY製品及びC社で製造されたZ製品のアジア市場における販売子会社である。

　甲株式会社のY社への当期の取引高は、輸出が100万円だった。

　甲株式会社としては、Y製品について、一部香港の非関連者に対しても輸出取引があることから、この非関連者との取引価格を独立企業間価格とする方法（独立価格比準法）により独立企業間価格の算定を行っている。

【C社】

　甲株式会社の製品として、Z製品を製造し、B社及びアジア地域の他の代理店に販売している。なお、甲株式会社の技術により製造していることから、甲株式会社は、当期、C社より15百万円のロイヤルティを収受している。また、甲株式会社はC社に対し工場等の設備資金を貸し付けており、当期、8百万円の利息を収受している。

　甲株式会社としては、Z製品の研究開発は全て甲株式会社で行い、特許権及び製造ノウハウをC社に対して使用許諾している一方、C社も独自に販売活動を展開していることから、残余利益分割法と同等の方法により、

> ロイヤルティに係る独立企業間価格の算定を行っている。
> 　また，貸付に係る利息については，甲株式会社は円をタイバーツに替えて貸し付けているため，タイバーツの銀行間調達金利（スワップレート）を参考に当社が金融機関から借りた時に付されるスプレットを加味して，独立価格比準法に準ずる方法と同等の方法を用いて独立企業間価格の算定を行っている。

　この設例では，甲株式会社はA，B，Cという3つの国外関連者との間で取引を行っています。Aとの取引については，Aを比準企業とする取引単位営業利益法，Bとの取引については，内部比較対象取引を用いる独立価格比準法，Cとの取引のうち，無形資産取引に係るものは残余利益分割法と同等の方法，金銭貸借取引については，スワップレートを用いた独立価格比準法に準ずる方法と同等の方法により独立企業間価格の検討を行っていることが前提となっています。それぞれの方法の意味や内容については，これまでの連載で説明しましたのでここでは省略します（取引単位営業利益法⇒第2章5，独立価格比準法⇒第2章2，残余利益分割法⇒第2章6，準ずる方法及び同等の方法⇒第2章7）。

　この設例を元に作成した別表十七㈣が**図表3－4**となります。

(図表3-4) 別表十七(四)

別表十七(四) 平二十八・四・一以後終了事業年度又は連結事業年度分

国外関連者に関する明細書

| 事業年度又は連結事業年度 | 28・4・1 〜 29・3・31 | 法人名 | 甲株式会社 |

① 国外関連者の名称等

		A社	B社	C社
名称		A社	B社	C社
本店又は主たる事務所の所在地		米国	香港	タイ
主たる事業		卸売業	卸売業	製造業
従業員の数		50人	20人	300人
資本金の額又は出資金の額		100,000ドル	800千香港ドル	30,000千バーツ

② 特殊の関係の区分

	A社	B社	C社
特殊の関係の区分	第1号該当	第1号該当	第1号該当

③ 株式等の保有割合

	A社	B社	C社
保有	(内100%) 100%	(内100%) 100%	(内50%) 100%
被保有	(内 %) %	(内 %) %	(内 %) %
同一の者による国外関連者の株式等の保有	(内 %) %	(内 %) %	(内 %) %

④ 直近事業年度の営業収益等

	A社	B社	C社
事業年度	平28・1・1〜平28・12・31	平28・1・1〜平28・12・31	平28・1・1〜平28・12・31
営業収益又は売上高	(1,146百万円) 9,550,000	(370百万円) 30,840,000	(339百万円) 113,200,000
営業費用 原価	(638百万円) 5,320,000	(183百万円) 15,290,000	(262百万円) 87,362,000
営業費用 販売費及び一般管理費	(465百万円) 3,875,000	(120百万円) 10,020,000	(45百万円) 15,000,000
営業利益	(42百万円) 355,000	(66百万円) 5,530,000	(32百万円) 10,838,000
税引前当期利益	(24百万円) 200,000	(60百万円) 5,000,000	(28百万円) 9,500,000
利益剰余金	(120百万円) 1,000,000	(300百万円) 25,000,000	(30百万円) 10,000,000

⑤ 国外関連者との取引状況等

		A社	B社	C社
棚卸資産の売買の対価	受取	632百万円	100百万円	百万円
	支払			
	算定方法	取引単位営業利益法	独立価格比準法	
役務提供の対価	受取	百万円	百万円	百万円
	支払			
	算定方法			
有形固定資産の使用料	受取	百万円	百万円	百万円
	支払			
	算定方法			
無形固定資産の使用料	受取	百万円	百万円	15百万円
	支払			
	算定方法			残余利益分割法と同等の方法
貸付金の利息又は借入金の利息	受取	百万円	百万円	8百万円
	支払			
	算定方法			独立価格比準法に準ずる方法と同等の方法
	受取	百万円	百万円	百万円
	支払			
	算定方法			
	受取	百万円	百万円	百万円
	支払			
	算定方法			

⑥ 事前確認の有無

A社	B社	C社
有・(無)	有・(無)	有・(無)

3 別表十七(四)及び当局への情報提供義務

2 別表十七(四)の書き方

ここで別表十七(四)の書き方を少しだけ説明しておきます。

図表3－4の❶の部分は資料に沿って記入するだけですから特に説明は要しないものと思います。

❷の「特殊の関係の区分」の各欄については，法人と国外関連者との関係が租税特別措置法施行令39条の12第1項の1号から5号のいずれに該当するかを記入します。各号の意味をごく簡単に示すと次のとおりです。

　　1号……親，子，孫といった縦の関係
　　2号……兄弟又は従兄等の横の関係
　　3号……実質支配関係
　　4号……資本関係と実質支配関係が縦に連鎖している関係
　　5号……資本関係と実質支配関係が横に連鎖している関係

❸の株式等の保有割合に係る各欄は，法人が国外関連者を保有している場合には，「保有」欄，国外関連者が法人を保有している場合には「被保有」欄，法人と国外関連者が同一の者に保有されている兄弟関係の場合には，「同一の者による国外関連者の株式等の保有」欄にそれぞれ保有割合を記載し，そのうち，法人と直接の保有関係にある場合にその保有割合をかっこ内に内書きします。

❹の「直近事業年度の営業収益等」の各欄は，国外関連者の財務諸表からそのまま書き写すことになります。

❺の「国外関連者との取引状況等」の「受取」又は「支払」の各欄は，当期に，国外関連者から支払を受ける対価の額の取引の種類別の総額又は国外関連者に支払う対価の額の取引の種類別の総額を百万円単位（四捨五入）でそれぞれ記載します。この場合，当期の確定申告書の提出の時までに取引金額の実額を計算することが困難な事情にあるときは，合理的な方法による算定した推計値を記載することとして差し支えないこととされています。

3　当局への情報提供義務

　ドキュメンテーションに関しては，OECD租税委員会プラスOECD非加盟国のG20メンバー8か国の間で進められてきた「BEPSプロジェクト」における議論を踏まえ，平成28年度の税制改正でその取扱いが大きく変わりました。その項目を示すと次のとおりです。
　① 　直前会計年度の連結総収入金額が1,000億円以上の多国籍グループの構成会社等である内国法人及び恒久的施設を有する外国法人は，最終親会社等届出事項，国別報告事項，事業概況報告事項といった情報を当局に提供しなければならないこととされたこと
　② 　同時文書化義務が課されたこと
　このうち②については，1と2で詳述しましたのでここでは上記①について概要を説明します。
　なお，情報提供義務は日本に支店や子会社がある外国法人にも課せられますが，ここでの説明は日本に親会社がある企業グループを念頭において説明します。

(1)　情報提供義務が課せられる多国籍企業グループ

　ここでいう多国籍企業グループとは，企業グループの構成会社の中で居住地国が2つ以上あれば多国籍企業グループとなります（措法66の4の4④二，措令39の12の4③）。したがって，日本の親会社がいくつか子会社を持っている場合にそのうち1つでも海外にあれば多国籍企業グループとなります。この場合の企業グループとは連結財務諸表が作成される（連結財務諸表を作成していない企業グループの場合には，仮に上場するとしたならば連結財務諸表が作成される）企業グループをいいますので，構成会社も連結財務諸表に記載される会社というのが原則です（措法66の4の4④四，措令39の12の4④）。したがって，これまで説明してきた「国外関連者」とは概念を異にしますので注意

が必要です。

　では，多国籍企業グループであれば報告義務が課せられているのかというとそうではありません。直前の最終親会計年度（連結グループのトップである親会社（以下「最終親会社」といいます）の会計年度）におけるその連結グループの総収入金額が1,000億円以上の多国籍企業グループが対象となります。情報提供義務が課せられる多国籍企業グループを「特定多国籍企業グループ」といいます。ここでいう1,000億円とは連結財務諸表（作成していない多国籍企業グループの場合には，仮に上場するとしたならば作成されることとなる連結財務諸表をいいます）の全ての収益の額をさします。したがって，1,000億円には売上のほかに，営業外収益や有価証券売却益・持分法による投資利益など連結財務諸表に計上した全ての収益の額が含まれることに注意が必要です（措通66の4の4－1）。

　以上をまとめると，前連結会計年度で1,000億円以上の収入金額がある連結グループであれば，たとえ1社でも海外に子会社があれば特定多国籍企業グループということになります。

(2)　誰が情報提供を行うのか

　後述するとおり提供する情報は企業グループとしての情報なので，情報提供義務者を企業グループに属する内国法人の全てに限定してしまうと，何重にも同一の情報が提供され，提供する側もされる側も効率的とは言えません。そこで，例えば，日本に親会社がある企業グループの場合，提供される情報（報告事項）別に提供義務者は次の表のとおりとされ，グループの代表1社（国別報告事項については最終親会社等）が提供することで済む道を整えています。

日本に親会社がある企業グループの例

提供される情報の内容（報告事項）	提供義務者
最終親会社等届出事項	（原則）各構成会社（内国法人） （特例）代表1社
国別報告事項	（原則）最終親会社等
事業概況報告事項	（原則）各構成会社（内国法人） （特例）代表1社

(3) どのように情報提供を行うのか

　すでにお気づきかもしれませんが，通常，当局に何等かの資料等を提供する場合には書類の「提示」とか書類の「提出」という言葉を使用しますが，ここでは情報（報告事項）の「提供」という言葉を法律上使用しています。つまり，紙ではなく，e-Taxにより電子データを送信する方法で当局に提供することが前提とされているわけです。措置法では「特定電子情報処理組織を使用する方法により」提供するとされています。したがって書面での提出は認められていません。これは，e-Taxの利用促進といった観点のほかに，後述する国別報告事項について，当局に提供した情報が情報交換制度に基づき外国の税務当局に提供される際，電子データでやりとりすることを前提としていることがその理由であると思われます。

　情報の提供は国税庁のホームページから報告コーナーに入りデータを入力して送信することとされています。

(4) 提供する情報の内容にはどのようなものがあるか

　税法では，当局に提供する情報は，「報告事項」という言葉を使って規定されています。(2)の表のとおり，報告事項には次の3つがあります。

① 最終親会社等届出事項
② 国別報告事項
③ 事業概況報告事項

以下，それぞれについて説明します。

① 最終親会社等届出事項

　これは，情報提供義務がある多国籍企業グループ（特定多国籍企業グループ）の最終親会社は誰なのか当局に知らせるための情報です。この報告をすることにより，次に述べる国別報告事項の報告義務者が誰なのかがわかります。この情報提供は，原則的には特定多国籍企業グループの各構成会社が行うこととされていますが，構成会社のうち1社を代表提供者として情報提供することにより他の連結会社は情報提供する必要はなくなります（措法66の4の4⑥）。したがって，多くの場合は最終親会社等が代表提供者となってこの方式を利用するものと思われます。

　報告様式は国税庁のホームページに掲載されていますのでご覧いただければと思います。上述したように，代表提供者を決めた場合には，報告様式に情報の提供内容として「特定多国籍企業グループに係る最終親会社等届出事項」と「最終親会社等届出事項の提供義務者が複数ある場合における代表提供者に係る事項等」の2つにレ点のチェックを入れて所定の欄に最終親会社や代表提供者の情報を記載することになります。また，代表提供者を決めて情報提供する場合には，代表提供者以外の提供義務者，つまり他の連結会社（内国法人）の明細を付表に記載することとされています。

　これらの報告事項の入力に関しては，国税庁より記載例（「特定多国籍企業グループに係る最終親会社等届出事項兼最終親会社等届出事項・国別報告事項・事業概況報告事項の提供義務者が複数ある場合における代表提供者に係る事項等の提供」の記載例）がホームページに掲載されていますのでご参照ください。

≪最終親会社等届出事項の提供期限≫

　最終親会計年度終了の日までにe-Taxにより所轄税務署長に提供することとされています。この制度の適用開始は，平成28年4月1日からということですので，連結決算が3月の場合には，平成29年3月末にはこの報告をしなければならないことになります。

なお，この報告は１回すれば終わりというものではありません。連結会社の構成メンバーの状況が変わらなくても最終親会社等届出書は毎年提供しなければならないので併せてご留意ください。

② 国別報告事項

　国別報告事項は一般にCbCレポート（Country-by-Country Report）と呼ばれています。この情報提供は，多国籍企業グループの事業が行われる国ごとの収入金額，税引前当期利益の額，納付税額当に関する情報を記載して行うことで，各国の税務当局が多国籍企業グループの移転価格のリスクの有無を一目で判断できることを目的としています。したがって，この情報は，提出されるとそれが情報交換制度に乗って各国の税務当局に提供されていきますので，英語を使って提供しなければならないこととされています（措規22の10の４④）。

　このように説明すると「何となく出したくないなあ」と思われるかもしれません。一応OECDの報告書を踏まえて我が国でも次のような事務運営要領があります。

移転価格事務運営要領　第２章　国別報告事項，事業概況報告事項及びローカルファイル

２－１（国別報告事項の適切な使用）

　措置法第66条の４の４第１項及び第２項（特定多国籍企業グループに係る国別報告事項の提供）の規定により提供される国別報告事項（同条第１項に規定する国別報告事項をいう。以下同じ。）並びに租税条約その他の我が国が締結した国際約束（租税の賦課及び徴収に関する情報を相互に提供することを定める規定を有するものに限る。）に基づく情報交換により提供される国別報告事項に相当する情報については，課税上の問題の把握及び統計のために使用し，国別報告事項及び国別報告事項に相当する情報のみに基づいて，独立企業間価格の算定を行うことはできないことに留意する。

つまり，国別報告事項に基づいて「あなたの会社はこのくらいの利益がないとだめなので課税します」と言うことはできませんということを言っているわけです。情報提供される各国の税務当局も基本的には同じ考え方で国別報告事項を取り扱われなければならないこととされています。また，国別報告事項の具体的な内容については**図表3−5**のとおりですが，この様式から見ても独立企業間価格が算定できるほどの情報量ではないということがわかります。

とはいえ，この情報が外国の税務当局に提供されることで，外国の当局にとっては，自分の国の中にある会社で日本に親会社があるものにはどういうも

（図表3−5） 国別報告事項／Country-by-Country Report（国税庁HP）

表1　居住地国等における収入金額、納付税額等の配分及び事業活動の概要
Table 1. Overview of allocation of income, taxes and business activities by tax jurisdiction

表2　居住地国等における多国籍企業グループの更正会社等一覧
Table 2. List of all the Constituent Entities of the MNE group included in each aggregation per tax jurisdiction

表3　追加情報
Table 3. Additional Information

（必要と考えられる追加の情報や国別報告事項に記載された情報への理解を円滑にする説明等を英語で記載してください。）
Please include any further breif information or explanation you consider necessary or that would facilitate the understanding of the compulsory information provided in the Country-by-Country Report.

のがあって，稼ぎはどのくらいで税金をどれだけ納めているか等が一目瞭然となるわけで，外国税務当局による税務調査の呼び水になることは十分に考えられます。

　この様式をみると納付税額や発生税額の記載欄や，有形資産額，従業員数，主な事業活動などの欄があるほかは，別表十七(四)の情報内容とそれほど変わらないのではないかとも言えます。したがって，別表十七(四)をきちんと作成している法人であれば，労力はそれほどかからないかもしれません。ただし，別表十七(四)は国外関連取引がなければ記載する必要はありませんが，国別報告事項に関しては国外関連取引があろうとなかろうと海外子会社（連結会社等となる会社）がある限り全て記載しなければならないことには留意すべきです。

　なお，国税庁のホームページには様式のほかにこれらの記載事項の説明が掲載されていますのでご参照ください。

≪国別報告事項の提供期限≫

　国別報告事項は，報告対象となる最終親会社等の会計年度終了後1年以内に提供することとされています。なお，日本に最終親会社がある多国籍企業グループは，その最終親会社である内国法人に提供義務があります（最終親会社が外国の子会社を代理親会社等に指定しても，日本の最終親会社の提供義務は免除されません）。

③　事業概況報告事項

　事業概況報告事項は，一般にマスターファイルと呼ばれています。（これに対して，1で説明した同時文書化対象の移転価格書類は「ローカルファイル」と呼ばれています。）

　事業概況報告事項として，多国籍企業グループの組織構造，事業の概要，財務状況等に関する情報を記載することで，提供を受けた税務当局が移転価格上の問題を特定していくことができるようにすることが目的であるといえます。

　どのような内容の報告が必要であるのか次に示しておきます。

○ 事業概況報告事項の各項目

措規第22条の10の5第1項（抄）
1号： 特定多国籍企業グループの構成会社等の名称及び本店又は主たる事務所の所在地並びに当該構成会社等の間の関係を系統的に示した図
2号： 特定多国籍企業グループの構成会社等の事業等の概況として次に掲げる事項
　　イ　当該特定多国籍企業グループの構成会社等の売上，収入その他の収益の重要な源泉
　　ロ　当該特定多国籍企業グループの主要な5種類の商品若しくは製品又は役務の販売又は提供に係るサプライ・チェーン（消費者に至るまでの一連の流通プロセスをいう。ハにおいて同じ。）の概要及び当該商品若しくは製品又は役務の販売又は提供に関する地理的な市場の概要
　　ハ　当該特定多国籍企業グループの商品若しくは製品又は役務の販売又は提供に係る売上金額，収入金額その他の収益の額の合計額のうちに当該合計額を商品若しくは製品又は役務の種類ごとに区分した金額の占める割合が100分の5を超える場合における当該超えることとなる商品若しくは製品又は役務の販売又は提供に係るサプライ・チェーンの概要及び当該商品若しくは製品又は役務の販売又は提供に関する地理的な市場の概要（ロに掲げる事項を除く。）
　　ニ　当該特定多国籍企業グループの構成会社等の間で行われる役務の提供（研究開発に係るものを除く。ニにおいて同じ。）に関する重要な取決めの一覧表及び当該取決めの概要（当該役務の提供に係る対価の額の設定の方針の概要，当該役務の提供に係る費用の額の負担の方針の概要及び当該役務の提供が行われる主要な拠

　　　　　点の機能の概要を含む。）
　　　ホ　当該特定多国籍企業グループの構成会社等が付加価値の創出において果たす主たる機能，負担する重要なリスク（為替相場の変動，市場金利の変動，経済事情の変化その他の要因による利益又は損失の増加又は減少の生ずるおそれをいう。），使用する重要な資産その他当該構成会社等が付加価値の創出において果たす主要な役割の概要
　　　ヘ　当該特定多国籍企業グループの構成会社等に係る事業上の重要な合併，分割，事業の譲渡その他の行為の概要
3号：　特定多国籍企業グループの無形固定資産その他の無形資産（以下第7号までにおいて「無形資産」という。）の研究開発，所有及び使用に関する包括的な戦略の概要並びに当該無形資産の研究開発の用に供する主要な施設の所在地及び当該研究開発を管理する場所の所在地
4号：　特定多国籍企業グループの構成会社等の間で行われる取引において使用される重要な無形資産の一覧表及び当該無形資産を所有する当該構成会社等の一覧表
5号：　特定多国籍企業グループの構成会社等の間の無形資産の研究開発に要する費用の額の負担に関する重要な取決めの一覧表，当該無形資産の主要な研究開発に係る役務の提供に関する重要な取決めの一覧表，当該無形資産の使用の許諾に関する重要な取決めの一覧表その他当該構成会社等の間の無形資産に関する重要な取決めの一覧表
6号：　特定多国籍企業グループの構成会社等の間の研究開発及び無形資産に関連する取引に係る対価の額の設定の方針の概要
7号：　特定多国籍企業グループの構成会社等の間で行われた重要な無形資産（当該無形資産の持分を含む。以下この号において同じ。）の移転に関係する当該構成会社等の名称及び本店又は主たる事務所の

所在地並びに当該移転に係る無形資産の内容及び対価の額その他当該構成会社等の間で行われた当該移転の概要

8号： 特定多国籍企業グループの構成会社等の資金の調達方法の概要（当該特定多国籍企業グループの構成会社等以外の者からの資金の調達に関する重要な取決めの概要を含む。）

9号： 特定多国籍企業グループの構成会社等のうち当該特定多国籍企業グループに係る中心的な金融機能を果たすものの名称及び本店又は主たる事務所の所在地（当該構成会社等が設立に当たって準拠した法令を制定した国又は地域の名称及び当該構成会社等の事業が管理され，かつ，支配されている場所の所在する国又は地域の名称を含む。）

10号： 特定多国籍企業グループの構成会社等の間で行われる資金の貸借に係る対価の額の設定の方針の概要

11号： 特定多国籍企業グループの連結財務諸表（連結財務諸表がない場合には，特定多国籍企業グループの財産及び損益の状況を明らかにした書類）に記載された損益及び財産の状況

12号： 特定多国籍企業グループの居住地国を異にする構成会社等の間で行われる取引に係る対価の額とすべき額の算定の方法その他当該構成会社等の間の所得の配分に関する事項につき当該特定多国籍企業グループの一の構成会社等の居住地国の権限ある当局のみによる確認がある場合における当該確認の概要

13号： 前各号に掲げる事項について参考となるべき事項

　いかがですか？　正直にいうと読みづらくとても読む気にはならないというのが本音ではないでしょうか。なぜ，読みづらいかというと，情報提供の仕組みがこの項の冒頭で申し上げたBEPSプロジェクトを踏まえて作られており，英文で記載されたBEPS報告書の内容とほぼ同一にすることが要請されているからです。

簡単に上記各項目をいくつかのブロックに分けおおよそイメージをつかんでおきたいと思います。

1号　グループの資本関係図

　　これは，必ず作成しなければならないものです。すでに完全支配関係がある法人を有する場合には資本系統図を確定申告書に添付していますが，あれをイメージしてもらうとよろしいのではないかと思います。

2号　グループの主要な売上とそれに関する取引の流れと移転価格ポリシー等

　　これも濃淡はありますが必ず記載されるものです。イで記載されている「収益の重要な源泉」というのは，商品の独自性（技術やノウハウ），事業戦略，ブランドなど「収益を得るうえで力が入っている部分」を意味しています。

3号～7号　研究開発の拠点，無形資産の一覧，費用の分担や使用料等の対価に関する移転価格ポリシー等

　　ここのブロックは無形資産に関する事項です。該当するものがあれば記載していくことなります。例えば，2号で収益の源泉に商品の独自性や技術力を上げるのであれば，無形資産と密接に関連してきます。そこで，研究開発活動がグループ企業の中でどのように行われ，生み出された無形資産がグループ企業の中でどのように利用されているのか等といった点を頭に浮かべて記述していきます。

8号～10号　グループの資金管理の状況等

　　ここも該当するものを記載していきます。グループ内での資金のやりとりについてはその対価に係る移転価格ポリシーを記載します。

11号　連結財務諸表（グループ全体）の損益及び財産の状況

12号　相互協議を伴わない事前確認や税務ルーリング

なお，平成28年6月に出された国税庁のFAQには次のような質問と答えが記載されています。

> 平成28年10月国税庁「移転価格税制に係る文書化制度（ＦＡＱ）」
> 問63　事業概況報告事項は，どの程度詳細に記載する必要がありますか。
> 答　事業概況報告事項は，特定多国籍企業グループの事業活動の概観を示すものであり，詳細で網羅的なリストの作成を予定しているものではありません。事業概況報告事項に記載する情報レベルについては，グローバルな活動の概観を示すという目的を踏まえ，重要と思われる情報を記載していただくことになります。
> 　重要性の判断については，独立企業間価格の算定における信頼性に影響があるか否かが基準となります。

つまり，事業概況報告事項は，企業グループ全体の青写真を示すものであり，特定の国外関連取引の分析資料を示すものでないということです。とはいえ，上の答えには独立企業間価格の算定に影響があると思われる事項は記載に含めなければならない旨も示されていますので，結局のところ，1で説明した同時文書化の作業の結果をグループ全体に引き上げて作成するものであるとも言えるのではないかと思われます。国税庁のFAQでも，国外関連者が1社しかないので事業概況報告事項をもって同時文書化対象の移転価格文書（ローカルファイル）としてよいかとの問いに対して差し支えないとの回答がなされています（同FAQ問83参照）。その意味では，事業概況報告事項のための書類の作成は決して楽な作業ではありませんし，少し言い過ぎかもしれませんが，移転価格の税務調査のための準備資料を定期的に当局に提供するようなものだという見方をされてもあながち外れてはいないのではないかという感じがします。したがって，まずは，「概要」を説明するという原則を堅持しつつ定性的な記述にとどめ，具体的な情報はローカルファイルとして作成保存するという方法が現実的な対応と思われます。

≪事業概況報告事項の提供期限≫

　事業概況報告事項の当局への提供期限は，報告対象となる最終親会社等の会計年度終了後1年以内に提供することとされています。また，上述した各種の

情報は様式化されていません。表紙となる様式にPDF形式でのイメージデータとして添付・送信することとされています。

なお、特定多国籍企業グループの構成会社のうち1社を代表提供者として情報提供する場合には、事業概況報告事項の提供期限までに、①で説明した最終親会社等届出事項と同じ様式を使用して、事業概況報告事項の代表提供者に係る事項等についての情報提供を当局に対して行うことが必要です。

4 移転価格ポリシー

さて、ここでいきなり聞きなれない言葉がでてまいりましたが、皆さんはこの言葉の意味をご存知でしょうか。さきほど、事業概況報告事項の説明の中であえて多用させていただきました。なぜなら事業概況報告事項には移転価格ポリシーに関するものがとても多いからです。例えば、1号ニの「役務提供に関する取決めの概要」、5号の「無形資産の関する重要な取決め」、6号の「対価の額の設定の方針」、8号の「資金調達に関する重要な取決め」、10号の「対価の額の設定の方針」など、事業概況報告事項には「取決め」とか「方針」といった言葉が使われています。これらは、単に「契約の概要を説明すればよい」と理解するとややズレが生じます。なぜなら、3のFAQでも示したとおり、独立企業間価格の算定に影響があるものを示す必要があるからです。

ここは、「子会社等との間で取引価格を設定する際の移転価格税制の観点からみた企業グループの基本的な考え方ないしはルール」として理解しておく必要があります。例えば、2の設例の中で、A社、B社、C社のそれぞれの取引価格につき独立企業間価格の算定方法を当てはめる際の理由が、ごく簡単ではありますが記載されています。あれは、一種の移転価格ポリシーを示しているということもできます。つまり、取引の内容や当事者間の機能やリスク、情報入手の可能性等から最適方法ルールに基づいて独立企業間価格の算定方法を選択適用するための方針をルール化したものが移転価格ポリシーというわけです。これまでの文書化の説明では、「取引⇒独立企業間価格の算定方法の検討」と

いう順番を念頭において説明してきましたが，独立企業間価格の算定方法の検討を移転価格ポリシーという言葉に置き換えて「取引」との位置を逆にすれば，「移転価格ポリシー⇒取引」ということになり，実質的に同じ内容が取引の前後によって言い方が変わるだけという理解でも間違ってはいないのではないかと思います（**図表３－７参照**）。したがって，棚卸取引や役務提供あるいは無形資産取引といった取引の種類によって移転価格ポリシーが異なるのは当然のことで，２で説明した同時文書化のプロセスを実行していくことで，移転価格ポリシーを整理していくことはそれほど難しいことではありません。

（図表３－７）　移転価格ポリシー

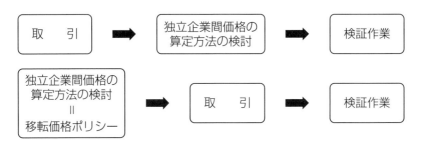

事業概況説明事項では企業グループ全体の移転価格ポリシーを記載していくことになります。したがって，個々の国外関連取引で考えられている移転価格ポリシーをある程度グループとして統合していく，つまり，多数の国外関連取引から共通するものを抽出し，移転価格ポリシーとして記述していくことが必要となってくることになります。例えば，「現地市場での適正な販売利益を基に取引価格を決定している」とか「研究開発に費やされたコストをはじめ無形資産への相対的な貢献割合を総合的に勘案して対価の額を設定することとしている」など，企業グループの中でどのような移転価格原則に基づいて対価を考えているのかを記述するわけです。たとえ抽象的な表現でも，それが個々のローカルファイルへの連動性が確保されれば問題はないものと考えます。さらに欲を言えば，日本の当局のみを考えるのではなく，常に外国の当局も意識して作成していく，といったテクニックもグループの親会社には求められていく

ものと思います。

　いずれにしても法律で情報の提供が義務付けられてしまいました。国別報告事項や事業概況報告事項を正当な理由なく提供しなかった場合には，30万円以下の罰金といったペナルティも規定されています（措法66の4の4⑦，措法66の4の5③）。大規模法人にとってはかなり手間が増えたと言えるかもしれません。

第4章

移転価格調査・事前確認等

1　移転価格調査

　この章では移転価格調査，対応的調整及び事前確認をとりあげます。移転価格調査とそれに伴う対応的調整は確定申告を提出した後の問題，事前確認は原則的には確定申告を提出する前の問題，として整理することができます。ここでは大まかなイメージをつけていただくことをねらいとしてそれぞれの制度の概要と基本的な手続について説明します。

１　通常の税務調査と移転価格調査

　確定申告書を提出すると所管部署（税務署や国税局）で申告書の内容をチェックするとともに税務調査の対象となる法人の選定をします。当然ながら移転価格に関する項目も調査項目のひとつなので，問題がありそうな法人については，税務調査の対象となります。

　国外関連者を有している法人のように，ある程度の規模がある法人に対して国税局調査部（原則として資本金１億円以上の法人を所管する部署）が調査する場合には，通常１か月から数か月程度の期間で行われます。超大規模法人になると半年くらいかけて税務調査が行われます。しかし，移転価格税制に関する調査はもっと期間を要する場合があります。通常の税務調査では，稟議書，契約書，請求書，領収書控え等といった記録から取引の内容と金額を確認して，事実に沿った経理処理が行われているか，そしてその事実に合致した税務処理が行われているかといったことを確認しながら調査を進めていきます。一方，移転価格の調査では，取引の内容と金額もさることながら，その取引を行うに

至った経緯や取引当事者の役割といったものを取引の計画段階から掘り起こして、取引当事者間の機能やリスクを分析していきます。また、金額についても、受払いの事実ということよりも、なぜ、その取引金額となったのかという値決めの背景にある様々な事情を明らかにすることが要求されます。つまり、第3章「ドキュメンテーション」で説明したような、法人の内部文書から移転価格税制上の問題を分析していくことが要求されているわけです。加えて、比較法を用いる場合には比較対象取引を抽出することも重要な作業となります。

このように、移転価格に関する税務調査（以下「移転価格調査」といいます）は、通常の税務調査で求められる作業と異なりますし、時間もかかるということで、通常の税務調査とは切り離して行った方が課税庁の事務管理上好ましいことになります。また、調査を受ける側も、通常の税務調査はとっくに終わっているのに、移転価格調査が終わっていないために修正申告書の提出ができなかったり更正処分がなかなか行われないという不安定な状態が続くことにもなってしまいます。

そこで、移転価格調査を行う場合には、通常の税務調査とは切り離して行うのが原則的な調査の方法です。調査の基本的な手続を規定している国税通則法においても次の解釈通達を置き、一般の税務調査と移転価格調査とは区分して調査手続を行っていくことができる旨明らかにしています。

国税通則法第7章の2（国税の調査）関係通達 抄

3－1（一の調査）

(4) 次のイ又はロに掲げる場合において、納税義務者の事前の同意があるときは、納税義務者の負担軽減の観点から、一の納税義務に関してなされる一の調査を複数に区分して、法第74条の9から法第74条の11までの各条の規定を適用することができることに留意する。

　イ　同一課税期間の法人税の調査について、移転価格調査とそれ以外の部分の調査に区分する場合。

　ロ　（省略）

なお，第1章3「移転価格税制と寄附金課税」及び第2章7「準ずる方法及び同等の方法」で触れましたが，移転価格税制に関する調査でも，例えば，海外子会社に社員を派遣して現地社員の教育訓練をしたけれども海外子会社から対価を収受していない場合には，役務提供に対するコストを計算して移転価格課税をするケースがあります。このような課税は移転価格税制に基づく課税処分であっても，通常の税務調査の中で行われるのが一般的です。それは，課税金額が小さく，後述するような相互協議に基づく対応的調整といった処理になじまないからです。しかし，見方を変えると，そのような課税はそもそも移転価格税制に基づく課税処理として妥当なのかどうかという根源的な問題を孕んでいるように思います。
　下表のとおり，移転価格税制を巡る課税件数の推移を見ると，多少の凸凹はありますが，増加の一途をたどっていることがわかります。移転価格の専門部隊が長期間にわたって行う移転価格調査がこんなにたくさんあるわけではありません。これらの件数には少なからず，一般の税務調査で行われる上述のような事案が含まれているものとみるべきであると思われます。そして，今後もこのような課税が増えていく可能性があり，中小企業も十分注意する必要があります。
　なお，次項以下，移転価格調査に関する説明をしていきますが，上述のような事案ではなく，まさに移転価格税制ならではの調査事案を念頭においた説明となりますのでご了承ください。

(図表4－1)　移転価格税制を巡る課税の状況

事務年度（平成）	20	21	22	23	24	25	26	27
非違があった件数(件)	111	100	146	182	222	170	240	218
課税漏れ所得（億円）	270	687	698	837	974	537	178	137

(注)　事務年度とは，当年7月から翌年6月までの期間を示す。

(国税庁報道発表資料より抜粋)

2 移転価格調査の進め方

　一般の税務調査は，法人を所轄する税務署や国税局調査部の担当部門の職員が行うのが原則ですが，移転価格調査は，移転価格専門部隊が行うのが原則です。国税局調査部を前提に申し上げると，例えば，東京国税局や大阪国税局には国際情報第一課というところがあり，そこで移転価格調査を担当しています。東京国税局は規模が大きいので，さらに国際情報第1～3部門，移転価格担当の特別国税調査官も配置されていて，なかなか壮観です。

　これらの部署が行う移転価格調査の流れを簡単にイメージしたのが**図表4－2**です。

　まず，別表十七（四）で記載されている内容や，一般の税務調査の際に収集された情報及び移転価格の実態調査の結果明らかになった情報などを勘案して，調査対象となる法人の選定をします。また，今後は，特定多国籍企業グループから毎年提供される国別報告事項（ＣｂＣレポート）や事業概況報告事項（マスターファイル）も，調査の選定資料として使われることになります。そして，いよいよ調査着手となった段階で，法人に資料の提出依頼をします。第3章「ドキュメンテーション」の1「法律上の義務とその効果」で詳細は説明しましたが，「独立企業間価格を算定するために必要と認められる書類（ローカルファイル）」は，同時文書化対象取引については45日，同時文書化が免除される取引については，60日以内で期限を設定して提示・提出を求められることになります。この取扱いは，平成28年度の税制改正で措置され，平成29年4月1日以後開始する事業年度から同時文書化義務が課されることとされましたので，税務調査のタイミングを考慮すると，実質的には平成30年以降の調査からこのような手続きで進められていくものと考えられます。

　法人から提出された資料を元に，国外関連者の利益の水準や関連者間の利益の配分状況を検討し，移転価格上問題がある取引を絞り込んでいきます。そして，この図に記載されたようなイメージで課税処分に向けて流れていきます。

ここに記載されている国税局での流れは，この連載をとおして説明してきた独立企業間価格の算定の流れとほぼ一緒と思っていただいてよろしいかと思います。例えば，「独立企業間価格の算定方法の検討」という部分がありますが，まさに移転価格ポリシーを課税庁の立場から作ってしまうに等しいことを行う

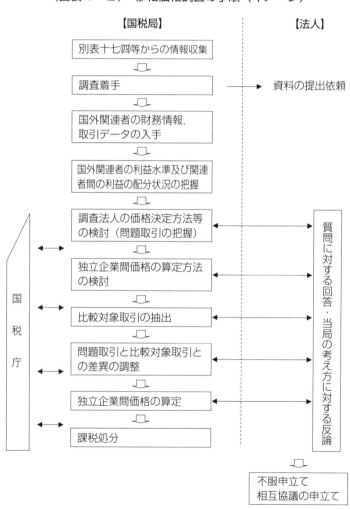

（図表４－２） 移転価格調査の手順（イメージ）

わけです。

　それでは，調査を受けている法人は何をすればよいのでしょうか。図の右側に法人が行うこととして「質問に対する回答・当局の考え方に対する反論」という枠があります。繰り返し説明したとおり，移転価格税制は，法人や国外関連者の経営内部にまで踏み込まないと必要な情報が得られないことが多々あります。このことは，調査官の立場からすると，提出された情報が何を意味するのかその都度説明を受けないとよくわからないことを示しています。最終的には課税庁が法人の移転価格ポリシーをつくるに等しいことをするわけですから，そのポリシーに基づいて計算された価格は，当然ながら，法人の認識とかけ離れたものになっている可能性も大いにあるわけです。

　したがって移転価格調査では，場面場面で調査担当者と法人との意見のぶつけあいが極めて重要な作業の一つとなります。これを十分にやらないと仮に課税処分にまで至った場合に，その後の処理（相互協議や不服申立て）に影響を与えることになります。

　もちろん，移転価格上の問題がなければ是認ということになります。次に説明することになりますが，調査に着手したということは，表面的には国外関連者の利益水準なり関連者間の利益の配分状況に移転価格上に疑義があるわけですから，やはり，ここはしっかりとドキュメンテーションを行い，法人としての移転価格税制上の正当性を的確に説明できるようにしておくことが重要ではないかと思います。

　なお，図の左側に国税庁という枠がありますが，移転価格調査の事案は1で触れた役務提供のような事案は除いて，国税庁の調査課が調査内容のチェックをすることになっています。移転価格調査の事案はその後相互協議に移行していくことが多く，相互協議ということになれば国税庁の相互協議担当の部署で仕事が進められることになります。OECD加盟国であるわが国は，当然のことながらOECDガイドラインに沿った移転価格税制を執行していく立場にありますので，国税庁が内容をチェックしながら調査を進める体制を採っているわけです。

3 移転価格調査の着眼点

それでは，どのような観点から調査官は移転価格調査の対象となる法人を選定し，調査を始めるのでしょうか。移転価格事務運営要領では次のように説明しています。

> **移転価格事務運営要領　第3章　調査**
> 3-1　（調査の方針）
> 　調査に当たっては，移転価格税制上の問題の有無を的確に判断するために，例えば次の事項に配意して国外関連取引を検討することとする。この場合においては，形式的な検討に陥ることなく個々の取引実態に即した検討を行うことに配意する。
> (1)　法人の国外関連取引に係る売上総利益率又は営業利益率等（以下「利益率等」という。）が，同様の市場における非関連者間取引のうち，規模，取引段階その他の内容が類似する取引に係る利益率等に比べて過小となっていないか。
> (2)　法人の国外関連取引に係る利益率等が，当該国外関連取引に係る事業と同種で，規模，取引段階その他の内容が類似する事業を営む非関連者である他の法人の当該事業に係る利益率等に比べて過小となっていないか。
> (3)　法人及び国外関連者が国外関連取引において果たす機能又は負担するリスク等を勘案した結果，当該法人の当該国外関連取引に係る利益が，当該国外関連者の当該国外関連取引に係る利益に比べて相対的に過少となっていないか。

「調査の方針」とは，法人が行っている国外関連取引がどのような状態にあると調査を開始するかといった初動における着眼点を示すものです。これを示すことで，納税者にも移転価格課税のリスクをチェックする際の基本的な「意

識付け」としてほしいという意図が込められています。

　事務運営要領の(1)は，平成28年の6月に若干の改正がありました。以前は，法人の国外関連取引に係る利益率等が，同様の市場で「法人が非関連者と行う取引」のうち内容が類似する取引に係る利益率等に比べて過少となっていないか，というもので，いわゆる内部比較対象取引を念頭に移転価格上の問題をチェックする文言となっていました。しかし，現在は，内部の比較対象取引に限定せず，同様の市場で非関連者間取引があれば類似する取引があればそれと比較して利益率が過少となっていないかどうかを検討する内容となっています。とはいえ，納税者側とすればいきなり外部の非関連者間取引などわかるはずはないので，内部の比較対象取引があればそれを参照していくことになります。そして，国外関連者との間の取引に係る利益水準が非関連者との間の取引に係る利益水準よりも低いということになると移転価格上の問題ありとされる可能性が高くなります（図表4－3）。

（図表4－3）

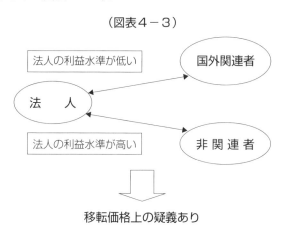

　(2)は，法人の利益水準が，同業他社の水準に比べてどうかということです。同業と比べて低いのであれば，これも移転価格上の問題があるとされる可能性が高くなります（図表4－4）。

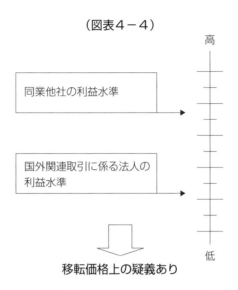

(図表4-4)

　(3)は，法人と国外関連者との利益の配分状況はどうなっているかということです。法人と国外関連者の役割（機能とリスク）から見て，法人の利益が低く国外関連者の利益が高いということになると，これも移転価格上の問題があるとされる可能性が高くなります（図表4-5）。

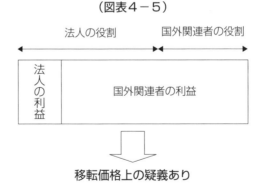

(図表4-5)

　(1)と(2)は，同じもの同士の比較の問題，(3)はパイの分け方の問題です。調査対象となる法人の選定段階では，①で述べたとおり，別表十七(四)で記載されている内容，特定多国籍グループの法人から提供された報告事項，一般の税務調

査の際に収集された情報及び移転価格の実態調査の結果明らかになった情報等から上述の3点について検討していくことになりますし，調査着手後は，法人から入手したより詳細な情報（ローカルファイル等）から上述の3点を検討していくことになります。もちろん，調査の初動段階で，この法人は移転価格ポリシーが構築されているか，価格設定の方法に問題はないか，文書はつくられているかといったことを観察しますが，これらの諸点はむしろ移転価格税制に関するコンプライアンスの問題であり，課税に関しては，結局は上述の3点に収斂していくのだろうと思います。したがって，社内で移転価格上の検討をする場合にも，常にこの3点を念頭において準備を進めていくことになろうかと思います。

4　移転価格調査後の対応

　移転価格調査といえども法人税に関する実地調査ですので，調査終了時には調査結果の説明や修正申告の勧奨等といった税務調査の一連の手続が行われます。修正申告と更正処分に関する法的効果も同じです。ただし，移転価格課税は，一般の税務調査と違い，調査期間が長くなる傾向があることや税務調査後に相互協議に基づく対応的調整（後述）が行われることが多いことを踏まえ，次のような取扱いがありますのでごく簡単に紹介しておきます。

(1)　更正等の期間制限の延長（措法66の4㉑）

　一般の税務調査では，課税当局が更正処分できるのは，法定申告期限から5年（偽りその他不正があった場合には7年）とされていますが，移転価格税制に基づく更正処分は，法定申告期限から6年とされています。同時に国税の徴収権の消滅時効も6年（一般的には5年）とされています（措法66の4⑯）。

(2)　延滞税の免除（措法66の4㉕）

　法人と租税条約相手国における国外関連者との間の取引について移転価格課

税が行われた場合，相互協議で合意が成立して，条約相手国が対応的調整を行い，その際に条約相手国で還付加算金を付さないといった要件を満たせば，課税庁は相互協議で合意をした期間について延滞税を免除することができることとされています。

(3) 納税の猶予（措法66の4の2）

 移転価格調査による課税は巨額になる場合があるので，移転価格税制の更正処分を受け，租税条約に基づく相互協議の申立てを行った上で，納税の猶予の申請をした場合には，納期限又は納税の猶予の申請の日のいずれか遅い日から相互協議の合意に基づく更正があった日の翌日から1月を経過する日まで納税の猶予が認められます（ただし，猶予する金額に相当する担保が必要）。

2 相互協議・不服申立て・事前確認

1 相互協議

　移転価格課税が行われると，法人は国際的な二重課税を被ることになります。そこで，二重課税を解消するため，具体的には，所得が移転していたため国外関連者が払い過ぎていた税金を相手国の当局から国外関連者に返還してもらうことを目的として，租税条約に基づく相互協議の申立てを行うことができることとされています（図表4－6）。

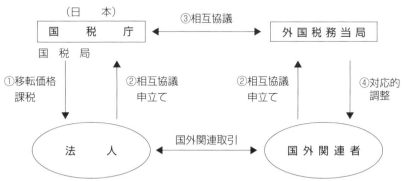

（図表4－6）　相互協議（イメージ図）

　相互協議の申立ては，「相互協議の申立書」に更正通知書の写しなど課税の事実を示した書類や課税の事実関係の詳細及び法人又は国外関連者の主張の概要を示す書類を添付して，国税庁の相互協議室に提出することから始まります。

申立書の様式などは国税庁のホームページから入手可能です。また，記載要領等もホームページで見ることができますが，まずは，国税庁の相互協議室に相談に行くのがよいのではないかと思います。

　また，移転価格課税は我が国の法人に対して行われるので，国税庁に申立てをすればよいわけですが，相手国の当局も課税内容を早めに検討してもらった方が相互協議が早く進展する可能性があることから，国外関連者からの相手国政府への申立ても同時に行うケースが多いものと思われます。

　相互協議は租税条約相手国の「権限ある当局」間で行われます。権限ある当局とは，日本の場合には，財務大臣又はその指名する者ということで，移転価格事案にあっては，国税庁の国税審議官がその任に当たっています。協議は相手国で行ったり，日本（国税庁の会議室）で行ったりします。回数も1回で決着するものもあれば，複数回行われることもあるようです。具体的には相互協議室の職員が相手国の職員と議論するわけですが，事前に双方でメールなどで十分意思疎通を図り協議に臨んでいるようです。

　そして，相手国と合意に至り，相手国で税金を返してもらったら一連の手続は終了です。

　このように，移転価格課税等により一方の所得を増額した場合に，取引の相手方である他方の所得を減額することを「対応的調整」といいます。我が国で行った課税に対して，相手国で対応的調整が行われるためには，課税庁が移転価格調査で算定した独立企業間価格を相互協議で相手当局にも納得させることが必要です。いかがでしょう。相手国の当局がそうすんなり我が国の移転価格調査を認めるでしょうか？　逆の立場に立つとどうでしょうか？　外国当局が行った移転価格課税について，日本はそう易々とは認めないのではないでしょうか。事実，相互協議は決裂してしまうケースがあります。納税者側からすれば，相互協議が決裂してしまうと二重課税がそのまま残ることになってしまいます。

　なお，以前，相互協議により課税が減額され，追徴課税された分の半分が我が国でも減額更正されたという新聞報道がありましたが，相互協議で課税自体

が減額されることも多々あります。納税者側からすれば、どのような形であれ、協議が成立して調整が行われれば救済は図られることになります。

2 不服申立て

　移転価格課税が租税条約締結国ではない国に所在する国外関連者との取引に対して行われたり、相互協議で当局間が合意できなかった場合にはどうなるのでしょうか。今のところ、法人が何らかの救済を求めるには不服申立てをするしか現実的な手段がありません。ただし、不服申立ては、相互協議の申立てと違って、二重課税の解消を求めるのではなく、課税処分そのものの取消しを求めることになるので、根本的にスタンスが違うということは理解しておく必要があります。

　したがって、移転価格調査に基づいて課税された場合には、相互協議を申し立てるのか、不服申立てをするのかを決める必要があります。実務的には、相互協議は合意に至らないケースがあるので、その場合に不服申立ての手続に移行できるように両方の申立てを行い、まずは相互協議を先に進めてもらう旨の意思表示をすることが多いように思われます。そして、法人が両方の申立てを行っているケースで、相互協議が合意に至る場合には、法人が不服申立てを取り下げたことを確認した上で、相互協議の正式な合意がなされるといった手続が実務的には行われています。

　不服申立ては、課税処分から3か月以内に税務署（国税局の移転価格調査であれば国税局）に再調査の請求をするか、国税不服審判所に対して審査請求をするか選択することになります。再調査というのは、平成28年4月前まであった「異議調査」と基本的には同じです。

　なお、再調査を選択し、再調査の決定に不服がある場合には、再調査決定の通知を受けた日から1か月以内に国税不服審判所に審査請求をすることになります。また、再調査の請求をした日から3か月経過しても再調査の決定がない場合にも国税不服審判所に審査請求をすることができます。

そして，国税不服審判所の裁決の結果，残念ながら主張が通らず，なお不服があるときは，裁決があったことを知った日から6か月以内に訴訟を提起していくことになります。

　また，審査請求がされた日の翌日から起算して3か月を経過しても裁決がないときは，裁決を経ないで訴えを提起することもできます。この場合には，訴訟とは別に，引き続き国税不服審判所の裁決を求めることもできます。

　以上，不服申立ての手続の概要を説明しました。以下に簡単な図を示しましたので参考にしてください。

(図表4－7)　不服申立て手続の流れ

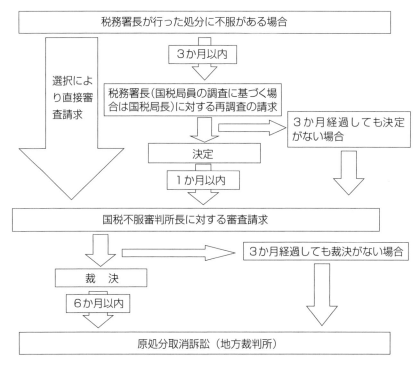

3 事前確認制度の概要と手続

　我が国の移転価格税制は，制度導入当初より事前確認制度が導入されています。事前確認制度とは，移転価格事務運営要領の定義によれば「税務署長又は国税局長が，国外関連取引に係る独立企業間価格の算定方法及びその具体的内容について確認を行うことをいう。」とされています。有り体に言うと，あらかじめ，当局とネゴをして後で課税されることのないようにしておこうという制度です。以下に示すとおり，調査とともに我が国の移転価格税制の執行の柱として位置付けられています。

移転価格事務運営要領　第1章　定義及び基本方針
1-2　（基本方針）
　移転価格税制に係る事務については，この税制が独立企業間原則に基づいていることに配意し，適正に行っていく必要がある。このため，次に掲げる基本方針に従って当該事務を運営する。
(1)　法人の国外関連取引に付された価格が非関連者間取引において通常付された価格となっているかどうかを十分に検討し，問題があると認められる国外関連取引を把握した場合には，市場の状況及び業界情報等の幅広い事実の把握に努め，独立企業間価格の算定方法・比較対象取引の選定や差異調整等について的確な調査を実施する。
(2)　独立企業間価格の算定方法等に関し，法人の申出を受け，また，当該申出に係る相互協議の合意がある場合にはその内容を踏まえ，事前確認を行うことにより，当該法人の予測可能性を確保し，移転価格税制の適正・円滑な執行を図る。
(3)　移転価格税制に基づく課税により生じた国際的な二重課税の解決には，移転価格に関する各国税務当局による共通の認識が重要であることから，調査又は事前確認審査に当たっては，必要に応じ，OECD移転価格ガイ

ドラインを参考にし，適切な執行に努める。

　事前確認を行うには，図表４－８に示した「独立企業間価格の算定方法等の確認に関する申出書」を所轄税務署又は所轄国税局に提出します。その際，第３章２「独立企業間価格を算定するために必要と認められる書類」のところで説明した各種資料を添付することになります。つまり，法人が行ったドキュメンテーションを当局に事前に提示するイメージになります。

　この事前確認制度の概要を理解するには次の２つのポイントを押さえておく必要があります。

> ①　確認後に提出される確定申告については，事前確認の内容に適合していることを証する報告書の提出が義務付けられていること
> ②　相互協議とセットで行うのが好ましいこと

　まず，①についてですが，事前確認をすることによって確認を受けた国外関連取引について事前確認の内容に適合した申告を行っている限り，その国外関連取引は独立企業間価格で行われたものとして取り扱われます。そこで，確認後に提出される確定申告が事前確認の内容に適合していることがわかるように，原則として確定申告書の提出と併せて「独立企業間価格の算定方法等の確認に関する報告書」を当局に提出しなければならないこととされています。また，提出の際は切り出し損益や確認時に前提となっていた諸条件がどのよう変動したかがわかる資料等を添付します。もし，当局が報告書を検討した結果，確認の内容と適合しておらず，所得金額が過少となっている場合には，修正申告書の提出が求められます。

　次に，②については，特に詳しい説明は要しないものと思います。せっかく確認しても相手国で移転価格課税されてしまっては，何のための確認かわからなくなってしまいます。したがって，確認を申し出た法人が相互協議の申立てを行っていない場合には，当局は法人に対して相互協議の申立てを行うよう勧奨することとされています。

事前確認手続の詳細についての説明は省略しますが，移転価格事務運営要領に細かく記載されていますので，検討される方は国税庁のホームページをご参照ください。

(図表4-8)

様式2

独立企業間価格の算定方法等の確認に関する申出書

受付印

平成 年 月 日

国税局長
税務署長 殿

申出人	（フリガナ）	
□単体法人 □連結親法人	法　人　名	
	納　税　地	〒　　　　　電話（　）　－
	（フリガナ）	
	代表者氏名	印
	（フリガナ）	
	責任者氏名	
	事業種目	資本金　　　　百万円

※整理番号
※連結グループ整理番号

　租税特別措置法第66条の4第2項又は第68条の88第2項に定める独立企業間価格の算定方法、その具体的内容等について、次のとおり確認を受けたいので申出をします。
　申出の後、添付した資料のほかに審査のために必要な資料の提出を求められた場合には、速やかに提出します。

連結子法人（申出の対象が連結子法人である場合）

（フリガナ）	
法　人　名	
本店又は主たる事務所の所在地	〒　　　（　　局　署） 電話（　）　－
（フリガナ）	
代表者氏名	
責任者氏名	
事業種目	資本金　　百万円

※税務署処理欄

整理番号	
部門	
決算期	
業種番号	
整理簿	
回付先	□親署⇒子署 □子署⇒親署

国外関連者

名　　称	
本店又は主たる事務所の所在地	
代表者氏名	
事業種目	

確認対象（連結）事業年度	平成 年 月 日　　　　　　　平成 年 月 日 自　　　　　（連結）事業年度至　　　　　（連結）事業年度 平成 年 月 日　　　　　　　平成 年 月 日
確認対象国外関連取引	
独立企業間価格の算定方法	
相互協議の希望の有無	有・無　相手国名
確認対象（連結）事業年度前の各（連結）事業年度への適用の希望の有無	有・無　確認対象（連結）事業年度　自 平成 年 月 日　至 平成 年 月 日
（その他特記事項）	

税理士署名押印　印

（注）各欄に記載できない場合には、適宜の用紙に記載して添付して下さい。

※ 税務署処理欄	部門	決算期	業種番号	整理簿	備考

240　第4章　移転価格調査・事前確認等

索　引

【あ行】

移転価格課税件数 …………………… 9
移転価格課税事案 …………………… 9
移転価格事務運営要領 ……………… 11
移転価格ポリシー ………………… 215, 217
売上営業利益率 …………………… 106
売手又は買手の事業戦略 …………… 62
売手又は買手の果たす機能 ………… 62
役務提供の総原価の額 ………… 47, 147
延滞税の免除 ……………………… 231
親子関係 …………………………… 28

【か行】

外資系企業 ………………………… 10
外資系法人 ………………………… 8
外部の比較対象取引 ……………… 66
確認規定 …………………………… 38
借手の信用力 ……………………… 143
記帳義務 …………………………… 167
機能 ……………………… 68, 86, 88, 99
機能又はリスク（機能とリスク／
　機能やリスク）………… 59, 71, 102, 127
基本三法 ……………………… 52, 113, 153
基本的利益 ………………… 124, 132, 159
兄弟関係 …………………………… 29
切り出し損失を示す書類 ………… 186
金銭消費貸借 ……………………… 31
金利スワップレート ……………… 145
国別報告事項 ……………………… 205
経済的な合理性 ………………… 41, 45

経済的利益の供与 ………………… 36
経済的利益の無償の供与 …… 37, 39, 43, 45
決済条件 …………………………… 71
権限ある当局 ……………………… 234
公開情報 …………………………… 142
公開データ …………………… 112, 115
高価取引 ……………………… 40, 46
校正等の期間制限の延長 ………… 231
構造 ……………………… 68, 86, 99
国外関連取引の価格を説明する
　書類 …………………………… 185
国外関連取引の対象及び当事者の
　役割等を説明する書類 ………… 184
国外関連取引の内容を記載した
　書類 …………………………… 184
国際的な二重課税 ………………… 233
国税局調査部 ………………… 222, 225

【さ行】

最終親会社 ………………………… 206
最終親会社等届出事項 …………… 205
再調査の請求 ……………………… 235
再販売者 ……………………… 95, 100
債務保証 …………………………… 31
参考事例集 ………………………… 12
算定方法の適合性 ………… 157, 160
残余利益 …………………… 124, 132
シークレットコンパラブル ……… 114
事業概況報告事項 ………………… 205
実質支配関係 ……………………… 29
実地調査 …………………………… 231

社外流出 …………………………… 23
修正勧告の勧奨 ………………………… 231
情報交換制度 …………………………… 207
情報の入手可能性 ……………………… 157
申告調整 …………………… 22,162,198
審査請求 ………………………………… 235
スクリーニング ………………………… 194
スワップレート ………………………… 202
性状 …………………………… 68,86,99
税務に関するコーポレート
　ガバナンス ………………………… 20
贈与 ………………… 36,39,42,45,79,
訴訟 ……………………………………… 236
その他政令で定める方法 …… 52,106,121

【た行】

対応的調整 ……………………………… 234
代理親会社 ……………………………… 211
多国籍企業グループ …………………… 205
棚卸資産の売買取引 …………………… 52
棚卸資産の売買取引以外の取引 ……… 52
調査結果の説明 ………………………… 231
帳簿書類の整理保存義務 ……………… 167
地理的条件 ……………………………… 74
通常の利潤の額 …………… 77,80,91,93
低価取引 …………………………… 38,39,46
同時文書化 ……………………………… 169
同時文書化義務の免除 ………………… 170
同時文書化免除国外関連取引 ………… 179
同種 ……………………………………… 68
同種の事業を営む法人 ………………… 175
独自の機能 ……………………………… 124
特定多国籍企業グループ ……………… 206
独立企業間価格を算定するために

重要と認められる書類 ………………… 173
独立企業間の利率 ……………………… 143
独立企業原則 ……………………… 19,22
取引時期 ………………………………… 73
取引市場 ………………………………… 74
取引数量 ………………………………… 70
取引単位 ………………………………… 58
取引段階 …………………………… 70,73

【な行】

内部の比較対象取引 …………………… 66
内部比較対象取引 ……………………… 142
二重課税 ………………………………… 27
値引き …………………………………… 71
納税の猶予 ……………………………… 232

【は行】

販売機能 ………………………………… 103
比較可能性 ……… 69,75,114,140,149,159
ブランド ………………………………… 68
フルコスト営業利益率 ………………… 109
貿易条件 ………………………………… 71
法人が国外関連取引に係る独立企業間
　価格を算定するための書類 ………… 188
法定福利費 ……………………………… 48
本来の業務に付随した役務提供 ……… 146

【ま行】

無形資産 ………………… 2,10,31,124,133
無形資産取引 …………………………… 170
無償取引 …………………………… 38,44,46

【や行】

輸出取引 …………………………… 84,96

輸入取引 …………………… 84, 96
予見可能性 ………………… 111, 115

【ら行】

旅費交通費 ……………………… 48
類似性 …………………………… 87
連鎖取引 ……………………… 140

【わ行】

割戻し …………………………… 71

【A～Z】

ALP ……………………………… 21
BEPSプロジェクト ………… 205
CPM …………………………… 112
e-Tax ………………………… 207
OECD移転価格ガイドライン … 13

著者紹介

菅原　英雄（すがはら　ひでお）
東京国税局調査第二部調査官をはじめ，国税庁調査課係長（移転価格税制担当として，事務運営要領の作成に携わる），東京国税局調査第一部調査審理課総括主査，同局調査第一部特別国税調査官付総括主査などを歴任後，平成19年税理士登録。
現在，企業顧問をするかたわら，講演活動，執筆活動を行う。
税務会計研究学会会員。国士舘大学大学院客員教授。

著者との契約により検印省略

平成29年3月20日　初版第1刷発行	きちんとわかる **移転価格の基礎と実務**

著　者　菅　原　英　雄
発行者　大　坪　嘉　春
印刷所　税経印刷株式会社
製本所　株式会社　三森製本所

発行所　〒161-0033　東京都新宿区
　　　　下落合2丁目5番13号
振　替　00190-2-187408
Ｆ Ａ Ｘ　(03)3565-3391
URL　http://www.zeikei.co.jp/

株式会社　**税務経理協会**
電話　(03)3953-3301（編集部）
　　　(03)3953-3325（営業部）

乱丁・落丁の場合は，お取替えいたします。

© 　菅原英雄　2017　　　　　　　　　　　　　Printed in Japan

本書の無断複写は著作権法上での例外を除き禁じられています。複写される場合は，そのつど事前に，（社）出版者著作権管理機構（電話 03-3513-6969，FAX 03-3513-6979，e-mail：info@jcopy.or.jp）の許諾を得てください。

JCOPY ＜(社)出版者著作権管理機構 委託出版物＞

ISBN978-4-419-06410-5　C3032